U0008352

原書名：《面對失去，好好悲傷：傷痛不會永遠在，練習療癒自己，找到成長的力量》

面對失去，
願意走進悲傷，
就能走出傷痛

繼續前行，悲傷就不會是盡頭

Grief Is A Journey

Finding Your Path through Loss

國際知名悲傷輔導心理師
肯尼斯J・多卡 博士 著
Dr. Kenneth J. Doka

林麗冠 譯

獻給我的兒子麥可、我的媳婦安潔莉娜，
以及我的孫子肯尼斯（肯尼）和露澤琳娜（露西），感謝他們每天慷慨給予的喜樂、
支持和無條件的愛。

推薦序

認識悲傷，我們將更勇於擁抱它

臨床心理師 蘇益賢

生、老、病、死。我們從小就學到了這些字的意思，但在真實面對這些情景時，卻總是不知所措。除了生之外，老化、生病與死亡，不管發生在誰身上，都時常帶給我們與周遭親友不小的衝擊。

在與許多個案討論疾病、老化，乃至於死亡議題時，我發現，其實少有人是準備好去面對的。一部分原因在於，我們的文化不太鼓勵人們去主動聊這些晦氣事，死亡更是許多家庭中禁忌的話題。多數人在成長經驗中，少有機會去認識失去、認識悲傷的模樣。當今天老天爺真的出了一道「悲傷習題」時，更會讓人措手不及。

想像一下，如果真有這樣一份作業，上頭題目或許是：我為何悲傷？我該如何處理悲傷？我不可以悲傷嗎？某天，我能不再悲傷嗎？我是可以不悲傷的嗎？諸如此類。遭逢不同類型的失落，每個人要寫的習題或許不同；但悲傷帶來的衝擊，時常都是強大而讓人震懾的。

在陪伴這類型個案的過程中，我多半會給出這樣的提醒：「此刻你所感受到的悲傷，確實是孤獨的；但也別忘了，儘管原因不同，但這世上的多數人都和你一樣，曾面對，甚至此刻也在面對自己的悲傷。」這種普同感未必能直接緩和悲傷，但多半能幫助我們在悲傷的汪洋中，稍微看見一點亮光。

這也是我在陪伴悲傷個案時，總不忘在過程中分享幾本悲傷領域書籍的原因。在深陷悲傷時，知道也有人在這條路上。有人也像我們一樣，害怕自己無法走出悲傷。因為自己的悲傷而生氣、而沉溺、而無力……在這些書裡你會發現，種種悲傷帶來的複雜感受，其實都不是孤單的，而是共通的人性。

悲傷大浪來襲時，我們好好哭一場，在心中緬懷與哀悼；悲傷之浪緩和時，我們好好照顧身體。此刻的心缺了一角，不用急著補上什麼，但在未來慢慢重建自己的路上，對悲傷的理解，將是重要的黏著劑。

從概念到案例、從悲傷的歷程到類型，本書都有詳實的內容與易讀的文字。我一邊閱讀著，也一邊把這本書納入未來要給個案的書單裡。願我們都能因為認識悲傷，而更有勇氣去擁抱它，讓悲傷引領我們前行，也讓時間催化一切。

推薦序

找到重建連結的希望

王意中心理治療所 所長／臨床心理師
王意中

任何的情緒，任何的感受都很真實，悲傷也是如此。不要害怕悲傷，不要迴避悲傷，讓我們好好感受此時此刻，當下的心情，請允許自己悲傷。

當我們失去了，也是正在告訴著我們的曾經擁有。悲傷，有它想要傳遞的訊息與意義。或許，是在告訴著我們眼前這個人，在自己的生命中的重要性。彼此有了連結，有了愛，有了關係，我們在乎也在意。

從小，家裡八個手足（我有六個姐姐，一個妹妹），如同大樹的枝葉茂盛般，很是熱鬧。

正因如此，自己很早也有了心理準備。會有那麼一天，樹上的葉子，將會逐漸地，一一飄落下來。

雖有淡淡的感傷，卻也唯美自然。畢竟生命就如同四季般，生生不息地循環。

我們如何看待失落、死亡、失去、分別，將不同程度地影響著自己的悲傷情緒如何呈現。

面對悲傷沒有一定的標準，或非得如何不可的反應，別害怕自己與別人的不一樣。

對許多人來說，悲傷令人難耐，讓自己深陷在桎梏當中，痛苦不已。生活停擺了，這個世界似乎也停止了轉動。

當悲傷來臨了，它會占據在我們心裡多久，沒有人知曉。

先不要急著將它揮開，也不要悲觀。悲傷依然有它隱含的正面意義，正等待著我們從中去發現答案。

如同你我都是獨一無二的，悲傷的情緒感受也是如此。如何讓悲傷與自己作伴，一起走過一段時間，無論短暫或久遠。

我相信，悲傷終究能讓我們重新整理自己與周遭人事物之間的關係。找到與逝者之間，和在消失的人事物之中，重新建立屬於彼此的連結。

太陽依舊升起，月亮依舊降臨，生活依然得好好過。如同潮起潮落般，在我們身旁自然有得有失。

閱讀本書，將讓彼此對於悲傷有了合理且周延的概念。也讓我們有了方向，鼓足了勇氣，帶著想念，朝著目標與未來，一步一步往前跨出去。

或許悲傷不會消失，心裡仍然有點酸，有點痛。但接納了悲傷，我們的步伐將更加踏實。

悲傷不再是阻力，而是成了助力，讓我們好好學習，如何一個人看似孤獨，卻與世界有了連結地活下去。

目錄

Part 3

無法說出口的悲傷

Part 4
幫助自己，也學會幫助別人

PART 1

願意走進悲傷，才能真正走出悲傷

不論你喜歡什麼，是人、寵物或甚至是東西，你終有一天會失去他們，因為失去是司空見慣的事情。當你失去所愛，不論是生離或死別，你都會為失去感到悲傷，所以悲傷也是普遍的經驗。

儘管每個人都會面對失去，但人們對於「失去」的反應，卻與你的存在一樣，既獨特又個人，每個人都會各自以獨一無二的方式為失去感到悲傷。

相信你會想要確定下面這些問題：「我好難過，這世上還有什麼值得期待？」「這些感覺和反應何時才會結束？」「正常情況會是什麼樣子呢？」你也希望能有個指引，幫助你找到通往坦途的方向，本書就提供了這樣的指引。

書中前面幾章探討當我們悲傷時會令人感到困擾的諸多迷思，其他章節則探討你可能經歷的各種反應，以及有哪些因素會影響你表現悲傷的方式。

本書會證明，當你在人生路途中繼續前行時，即使你所愛之人已經遠去，但你仍會把對方的一部分保留下來。悲傷確實是條漫長的旅程，和你的愛同樣都是一輩子的事。本書也將告訴你，你不需要獨自經歷這段悲傷之旅，也無須感到絕望。

第一章

悲傷是禮物，證明我們曾經愛過

維琪的先生過世已經八個月了。她對自己的悲傷感到非常迷惑。在前兩個月，她似乎處理得很不錯，但在接下來的六個月，她並未逐漸釋懷，而是感覺更糟。她經常哭泣，在上班時和在家裡都暴躁易怒。她很氣，氣她先生不好好照顧自己，氣她的朋友們都不夠體貼，甚至氣她的孩子逼她要「馬上變好」。

布萊恩為痛失愛子沙伊感到哀傷不已，他經常想起這個么兒，並且為了紀念他而全心全意規劃舉辦一場嘉年華會。但他妻子瑪拉擔心他並未好好面對悲傷，因為他從不曾哭過，或是談過自己的感受。

史帝夫很想念他逝去的愛人亨利，他們以前每天都會聊天，分享生活點滴和交換意見。在事隔一個月後，史帝夫仍像往常一樣，會很自然地拿起電話想打給亨利，期望還能聽到對方的聲音。他不知道自己會不會瘋掉。

卡拉也是如此，她想念她的哥哥約翰。他們兄妹倆都已婚而且有孩子，也經常碰面，兩家人還會一起度假。約翰才四十幾歲就撒手人寰，這實在太不公平了。但卡拉很厭惡別人問起約翰的妻兒過得如何，「那怎麼沒人關心我呢？」她憤恨不平地問道。

在之後的章節，將會詳述上述這些人的悲傷故事。雖然他們的失去和反應並不相同，但這些人全都有一個共同經歷，而且是每個人一生中都會遭遇的經歷：他們都很悲傷，而悲傷是我們必須為愛付出的代價。

當人們遭逢傷痛，例如老人因喪偶而頓失依靠、青少年面臨父母剛離婚，或是母親得知孩子罹患日益衰弱的重症，悲傷的感覺就像讓人無法控制、必須獨自承受的重擔。

對悲傷的誤解，導致每年有數百萬人尋求以化學的方式解決痛苦，有時是透過酒精或娛樂性藥物，又或是透過處方用藥。幾乎所有的人都表示，他們覺得自己被家人和朋友遺棄了，因為對方多半都認為他們沒有及時「好起來」。

這就是為什麼我覺得有必要寫這本書的原因。我想協助人們更了解自己的悲傷，並了解因應之道。同時我也想協助其他的心理諮商師，因為他們可能不太清楚關於悲傷的運作方式在近年來的重要發現。

死亡不是造成失去的唯一原因

在正式談論該如何面對悲傷前，我想先說明一下：死亡並不是造成失去的唯一原因，而且任何形式的失去都會引起悲傷。

為所愛之人的逝去感到難過是不言自明的，然而只要失去自己依戀的某樣東西，又或是與某個人的關係中斷，同樣也會令人憂傷。例如我們會為離婚和分居心碎，為寵物往生而哀戚，為失去至關重要的東西（例如家庭、工作或汽車）而感傷，為痛失具有象徵意義的事物（例如失去聲譽名望或社會地位）而頹喪，我們也可能為自己素未謀面的陌生人隕沒（例如前南非總統曼德拉、英國王妃黛安娜或貓王）而悲慟。

許多時候，我們可能會很驚訝，原本以為老早就結束的關係竟然仍會引發我們的悲傷，例如前夫或前妻過世。我們也會為自己或是關切對象的病況而悲傷，像是當自身健康每況愈下，需要放棄重視的活動，或甚至連參與普通活動的能力都減退時，我們也會感到失落。

此外，在經歷各個人生階段時，我們也會為不同類型的失去感到悲傷。像是母親會因為進入前青春期的兒子，第一次拒絕在眾人面前被她擁抱而若有所失，又或年長者在被迫放棄駕照時，會因為失去獨立自主性而感到悲傷。

這類失去經常被剝奪了悲傷的權利（disenfranchised），因為社會經常禁止人們為這類的失去而悲傷，有時甚至連我們都低估或忘記了自己的痛苦，因為我們也相信自己並不擁有為這些事悲傷的權利。

然而事實是：只要身為人類，我們就會在情感上投注或依戀許多不同的人和物，每當這些情感被切斷，我們自然就會感到悲傷。

矛盾的傷悲——為何會對背叛者的逝去感到難過？

二十六年前，唐娜察覺到丈夫多蘭多次的不忠之後，憤而與他離婚。當聽到他的死訊時，她對自己悲傷的反應感到震驚。她想，畢竟事隔多年，而且當初離婚的原因是如此痛苦，她沒有理由為他的逝去感到難過。

如今她再婚已將近二十年，她發現要釐清現在的感受是很困難的。她的朋友不了解為什麼她會為那個「討厭鬼」的死訊感到難過。她覺得和現任丈夫奧斯汀分享這件事也很尷尬，她認為他根本無法明白這種矛盾的感覺。事實上，因為過去的慘痛經驗，她花了好幾年才信任奧斯汀，她又怎能期望他可以了解這份悲傷？

悲傷沒有時間表

一般人對於該如何應對失去或傷痛的方法了解有限，也很少談論。我們經常獨自忍受悲傷，不敢分享內心的感受，擔心我們的反應可能會遭到誤解或駁斥。

多年來，當我以哀傷為題公開演講時，一定會被問到下列的問題，只是問法稍有不同：「我要瘋了嗎？我老是在哭，到底是哪裡出問題了？」或者，「我一直哭不出來，到底怎麼了？我的悲傷起起伏伏，是哪裡不對勁？」「為什麼我看起來變得更糟、更悲傷，而不是變得更好？」

在這裡，我要向你保證，不論你對悲傷的反應是什麼，那都是很自然和正常的。你所感受的，可能是悲哀、生氣、焦慮，又或是其他的情緒；也可能是百感交集，各種感覺齊上心頭。你可以哭，也可以不哭。有些人的悲傷要花很長的時間才能逐漸平復，有些人則在短時間內就能走出憂傷，沒有任何規則能定義某個人的悲傷反應是正常或異常，因此在經歷失去和悲傷的旅程中，沒有任何有效的路線圖可以協助我們了解自身的經歷和痛苦。不過，我希望本書可以協助你透過自身的悲傷建立屬於自己的道路。

在我的教學和演講、諮商建議，以及擔任《旅程：喪慟協助電子報》（Journeys: A Newsletter to Help in Bereavement）編輯時所收到的數百封信件中，我歸納出大多數人自認為的兩種悲傷模式。

第一種模式是一天比一天好，但有時會突然感到極度痛苦，特別是在假期、生日或週年紀念日前後。

另一種悲傷模式是，認為悲傷是分階段（stages）進行的，這是根據知名的生死學大師伊莉莎白・庫伯勒－羅斯（Elisabeth Kübler-Ross）在從事臨終關懷工作的經驗時，歸結的「悲傷五階段」理論。喪親者自認為，或是他人認為，在失去親人時，會先經歷否認（denial）、憤怒（anger）、討價還價（bargaining）、沮喪（depression），最後接受（acceptance）。但事實上，庫伯勒－羅斯原先是將這些階段視為反映人們如何因應生病和臨終時期，而不是人們經歷悲傷的過程。實際的悲傷經歷其實更個人化，通常也很混亂，而且更難預測。以為自己的悲傷歷程必須經過上述這些階段的想法，會讓我們對悲傷擁有錯誤的期望，當真實情況並未跟著階段進行時，我們便會感到迷惑，並且開始自我懷疑，甚至對自己的感覺和想法也充滿不確定性。

因此，悲傷並不是每個人都以相同方式經歷的單一過程。既然我們不是在可預測的一連串階段中感受悲傷，所以也就沒有「一體適用」的方法來應付失去。

此外，悲傷也沒有所謂的終結。悲傷不是應該拋開過去的關係，或是讓自己與之隔絕。即使在喪慟之中，你仍能與過去繼續保持連結，只不過是以不同的方式維持。

悲傷更不是你要克服的疾病，而是一段旅程。以下是關於悲傷你要知道的新觀點：

• 你可以擁有自己專屬而獨特的悲傷途徑。

• 悲傷不僅是種情緒，也包括身體、行為、認知、社會和精神上的反應。你的反應，會受到你信仰的宗教，或是靈性意識、文化、階級、性別和生活經驗所影響。

• 悲傷絕非放棄與逝者的關係，而是了解你與所愛之人持續保持連結的方式可能會變得複雜些。

• 你會因為一項失去或喪慟而經歷許多其他與之相關的失落，這些「二次失落」也將影響你的人生。

• 你不只要面對失落，還要面對可能愈來愈深沉的悲傷，即使你可能已經有一段時間覺得自己已經好多了。

一旦你了解在個人生活中，以及在你關心和摯愛之人的生活中，因人而異所表現的悲傷方式，你不但可以協助自己，找到專屬的處理之道，也能更清楚該如何有效伸出援手，支持正經歷悲傷的親朋好友。

一定會哭？傷痛必然會痊癒？——關於悲傷的七大迷思

在進入後續的章節之前，我想先排除一些關於悲傷方式的普遍迷思。這些迷思多年來因為外行人、心理學家和心理諮商師的推波助瀾而持續存在，但它們已經讓數百萬人身受苦痛，若非它們，人們會以更自然而健康的方式經歷悲傷。

這些迷思相當普遍，卻從未被科學研究所證實。認清它們，可以防止你產生不切實際的期望。

迷思1：悲傷是可預測的過程？

悲傷是無法預測的。如果我們真能知道自己會經歷什麼事、又會在什麼時候經歷，以及悲傷會維持多久，事情就容易多了。

一些最早期的醫生和治療師把悲傷視為一種疾病，而且相信悲傷就像許多病症一樣，會按常理發展。他們也認為，心理諮商就像醫學一樣，可能會緩解症狀，甚至縮短悲傷的時間，而且沒有併發症，悲傷的人終究會康復。

「悲傷是可預測的」這種觀念，是悲傷五階段理論之所以很普遍的一個原因，即使研究從未證實此事。但「我們會經歷不同階段並能逐漸回復」這樣的想法，則保證傷痛會有解方。我們會認為，自己的心路歷程就像是個故事，在故事中，主角面臨了挑戰，而且在經過各項試驗之後會變得更強大，也更明智。

事實：悲傷是很個人的。你的悲傷和你一樣獨一無二。

勇敢面對悲傷的確會使人成長，但你所採取的方式，可能和造成你悲傷的失去一樣是無法預測的。

每個人都是獨立的個體，我們來自不同的文化，擁有不同的信仰，過著不同的生活，和所愛之人擁有你們獨特的關係，也保有自己的過往記憶。

我們經歷的每一項失去都是獨一無二的。經歷喪父或喪母之痛，不一定比遭逢喪子或喪偶來得輕易或艱辛，它們只是失去的對象不同。每一種死亡也都是以獨特的方式發生，有些是因為久病不癒，有些則是突然發生，基於這一切的差異，我們不會以相同的方式回應悲傷。

迷思2：悲傷有時間表？

相信悲傷會有時間表，是嘗試使「無法預料之事」變成「可預測之事」的其中一種做法。就像疾病是遵循一個確切的途徑：我們感冒，多半會持續一、兩個星期。那麼，悲傷又會持續多久？

近親過世後，一般准許的喪假時間，似乎是暗示我們在幾天或幾週內，一切應該會恢復正常。所以，只要給予一定的時間，或許最多一年，我們就應該會「撐過去」。

事實：我們根本無法預知悲傷會持續多久。

社會上存有「悲傷只能延續一個月（或一年等）」這樣的期限迷思，所以當一般人認為你心情應該比較平復時，你甚至會發現自己感覺更糟了。但請記住，悲傷並沒有所謂的「應該」。

悲傷不是按常規發展的疾病。相反地，悲傷會在人生中迂迴前進，你無法預測它的路線或時間，也無法預知它會改變你的時間和地點。每個人的情況都不一樣。

我演講時，曾被問到諸如以下的問題：「我母親的憂鬱會持續多久？」「我兒子生氣的情況會持續多久？」但我們很少一次只經歷一種主要的情緒，我們可能會同時感到憂鬱、生氣和懷疑。人的情緒是錯綜複雜的。

我經常把悲傷形容為雲霄飛車，即使所有的軌道都有高低起伏，但每種雲霄飛車坐起來的感覺都不一樣。在大部分的雲霄飛車中，搭乘時的開端，也就是緩慢爬升到第一個高點時，我們主要感受到的是緊張，而不是把注意力放在爬升的過程中。悲傷也是如此。這個旅程的開端通常不是最艱辛的部分，我們可能還是會感到震驚。即使是面對久病之人，但當對方的死亡真正來臨時，還是多少會讓人措手不及。

我父親的情況就是這樣。他因為罹患絕症而待在安寧病房，他知道自己不久於人世，我們也都明日，大家全都生活在這種心照不宣的情況下長達好幾個月。我們看到他的生命力日益衰微，但那種緩慢的衰微使我們感到平和與放鬆。他在感恩節不久後離世，但我們原先以為或許他可以撐過耶誕節，結果他在睡夢中逝世，時間是十一月三十日。即使是這樣在意料中的死亡，也讓人感到錯愕。

雖然死亡的定局會令人震驚，但是在人剛過世時，有些因素會對我們的心情產生緩衝作用，像是我們還有很多事情要處理，像是：得規劃喪禮，確認訃聞和鮮花，送出死亡證明申請書，還有各種文件和報告需要經過審查，這些繁雜的瑣事會讓我們無暇感受悲傷的錐心之痛。另外，親朋好友給予的滿滿關懷，也會在這個初期階段給予我們溫暖和撫慰。

稍後，也許經過一、兩個月，許多人經歷了深沉的悲痛，震驚之情逐漸遠離，與死亡相關的工作也暫告一段落，獲得的支持就會漸漸消失，因為周邊的人們已不再沉湎於過去，生活仍要繼續。我的一位客戶談及她休完喪假後返回工作崗位的第一天，信箱裡沒有任何慰問卡片，語音信箱裡也沒有支持打氣的訊息。她說：「後來我了解，我是孤單的，真的是獨自悲傷。」

還有些低潮則是不可預期的。假期往往很難捱，生日或週年紀念等特殊日子也一樣，尤其是忌日更讓人難受。與季節有關的線索也可能讓你想到逝去的親友，如果你在夏末遭逢親友過世，八月下旬的開學特賣會可能會提醒你的失去。還有些具有意義的特定日子，像是：「這是我們最後一次帶他到醫院的日子」、「這是她陷入昏迷之前我們交談的最後一天」。

你的悲傷旅程會依你與逝者的關係、你是什麼樣的人，以及你感受到的是什麼樣的失去而定。隨著時間流逝，恢復日常的例行活動可能逐漸變得容易，但有些時候則真的很難熬。可能甚至在失去後的數十年，你仍會悲從中來。對我而言，在喜迎孫兒誕生，未能和我父親分享那個時刻，以及分享孫兒以我的名字來命名的欣喜，我覺得錯失很多。

雖然悲傷沒有時間表，但在本書中我仍會嘗試提供一些準則，協助你做有助於克服悲傷的事情。

迷思3：悲傷是要懂得放手？

我認為這是所有與悲傷有關最具破壞性的一個迷思。這個迷思可以追溯到佛洛伊德最早開始論述悲傷的時候。佛洛伊德建議，哀悼的過程要包含慢慢抽離曾經投注在逝者身上的情緒能量，然後將這種能量再投注到其他人和關係上。換句話說，他認為悲傷與「放手」這件事有關。

但我認為，如果說哀悼的過程是檢視和釋放投注於一項關係的情感，這種對悲傷的過時觀點，根本不是看待個人失去的好方法。

例如，當美國民權領袖馬丁．路德．金恩過世時，他的遺孀科麗塔．史考特．金恩做出一項慎重的決定：她要繼續發揚金恩留下的功績和一生的志業，繼續為推動人權而奮鬥。與此同時，她也決心不再婚，因為再婚會弱化她作為金恩遺孀所具有的道德權威。沒有人可以說，以她的哀悼方式維持她的連結是錯誤的。

「放手」對我們悲傷心理諮詢這行而言是行不通的。在執業時，我發現許多個案都擔心，痛苦減輕就代表記憶已逐漸消失，因此他們寧可深陷痛苦，也不願忘記過去。但我向你保證，當你的傷痛逐漸淡去時，你將更能保有回憶。有些跡象甚至顯示你會變得更好，包括你已能笑看逝者的過往，而那些是逝者在剛過世時會令你痛苦到不堪回首的故事。

事實：死亡並不會讓關係結束，我們與所愛之人會持續保有連結。

死亡結束了一個生命，但並未結束一段關係。有關「悲傷代表需要放手」的觀念，近年來已經有了徹底的轉變。傷痛並不代表需要切斷與逝者的連結，反而能與他們持續保有連結，而且這種連結會以許多方式呈現。

回憶也會滋養和溫暖我們的生命。我們所愛之人已成為我們人生的一部分，我們無法與之分開，他們會在我們成為什麼樣的人，以及我們如何看待自己的方式上，留下難以抹滅的標記。例如，我是我哥哥姐姐的小弟，也是我父母的兒子，這些身分定義了現在的我。

我們的家族會留下成就，又或是包袱給我們，還有最明顯的是身體特徵，例如我們笑起來的樣子，或是眼珠的顏色和髮色。比較深層的遺緒，則是我們學到的人生教訓，以及我們從那些關係獲得的體悟。有些遺緒可能很小，卻很有個人風格。例如，我每天一早都會擬出待辦事項清單，這是我承襲自我父親的習慣。後來，我兒子也會這樣做。

有些人則經歷了非凡的連結時刻，例如實現夢想後，覺得是逝者冥冥中的庇佑；或是因為死亡，使我們體悟到自己生而在世是有意義的。我們也可能透過信仰感受到其他的連結，例如相信我們哀悼的人已上天堂，我們終有一天會再相聚。

但也要注意，持續進行的連結何時會局限我們的人生，也就是說，你無須一定得信守已經不合乎情理或對你已無助益的承諾。例如，我的學生覺得他必須遵守對臨終父親所做的承諾，進入政府機構工作，但他現在並不再希望擔任公職。另一位個案則曾在她丈夫臨終前向他保證絕不再婚，但後來這項承諾對她造成了困擾。

你永遠不會完全失去與你所愛之人的連結，他們依然跟你同在。事實上，緬懷逝者的其中一個目的，是決定該如何保有那些回憶和感覺的同時，也讓你能再度全面投入人生。我們在之後的章節將會討論這件事。

羅莎的城市番茄園

我剛開始教書時，是住在皇后區西北角的阿斯托利亞（Astoria）住宅社區。皇后區是紐約市的五個行政區之一，而阿斯托利亞是多種族的街區，其建築特色是擁有小型後院的半獨立式住宅。

紐約對汽車車主有種獨特的折磨方式，就是「換邊停車」的規定，也就是在特定日子裡，只容許在街道的某一邊停車，好讓清潔隊能夠清掃另一邊的街道。因此，大部分屋主會在自家後面空地鋪設地面，作為小型車庫或非路邊的停車空間。但我年長的義大利鄰居羅莎和喬就不是這麼做。

他們家後院是座番茄園，因為羅莎堅持她的「肉汁醬」，也就是番茄醬，應該只用最新鮮的食材製成。在紐約市的曼哈頓天際線陰影裡種番茄是項挑戰，天氣多變、害蟲（包括鄰居的小孩）令人煩惱，也需要經常施肥。

喬常為了羅莎的番茄園而和她鬥嘴。他經常說，在市場就很容易買到新鮮番茄，為何不將後院改成停車棚？但羅莎仍不為所動，還回嘴道：「如果我先死，到時候你要怎麼做隨你。」然後喬就會開玩笑說，等靈車一開走，一輛混凝土卡車隨後就會到。

後來，羅莎先辭世，喬終其餘生都用心照顧羅莎的番茄園。當他和鄰居分享收成時，他會欣然喝杯酒，並且敘述他與妻子間的溫馨回憶。

像這種情況，我們會說喬是陷入悲傷之中而無法自拔嗎？

迷思4：我們需要藉由某種行動，才能為悲傷畫下句點？

許多人認為，某種行為或活動可以帶給你某種悲傷的終結，或是從悲傷中解脫。例如，葬禮就是提供終結感受的一種方式，一旦我們看到逝者安詳地躺在棺木裡，就覺得他的苦難已到盡頭，他終於可以安息了。

一份驗屍報告也具有同樣的意義，就好像我們了解親友真正的死因後，就可以彌封曾駐足於我們生命中的那個篇章。也有人覺得，透過進行私人的儀式或紀念活動、刺個紀念刺青、寫信給逝者等，都具有止痛療傷的作用。但我要告訴你，這樣做並不會使你的傷痛就此結束。

這種終結的概念是建立在兩個毫無根據的迷思上，第一個迷思是悲傷具有時間表，第二個迷思是我們能藉著放手或脫離所愛之人超越悲傷。

「終結」雖然是錯誤的觀念，卻也其來有自。它在大約一個世紀前先由完形（Gestalt）心理學家所使用，後來也被犯罪受害者權利運動採用。受害者藉由要求參與審訊、發表受害人聲明、出席宣判，或是見證死刑執行，作為達成終結的方式。但即使是在一些具戲劇性的案例中，傷痛也未曾真正終結。

事實：悲傷或許永無終止之日。

大多數喪親者發現，時間會沖淡他們的痛苦，他們可以和事情在發生之前一樣正常生活，有時甚至會活得更好。但即使隨著時間的推移，我們可能仍會經歷一波波短暫的悲傷，深深感受到失落。

悲傷不是一種有待復原的疾病，也不是會朝目的前行的一項活動。相反地，悲傷是個終生的旅程。

悲傷是要學會與失落共處

悲傷之旅中有一些重要的時刻，像是葬禮就很重要，有意義的葬禮可能具有重大的療癒力。同樣地，驗屍報告也可能解決你的困擾與疑惑。它對喬治亞就有這樣的作用。

當喬治亞正值雙十年華的兒子因為極度致命的細菌性腦膜炎而喪生時，喬治亞自責不已，覺得或許是自己沒有發現早期症狀或是治癒的可能性。看驗屍報告是件很痛苦的事，但也讓他確定，其實她已經盡力做了一切該做的事。

在喬治亞這樣的個案，或是嬰兒猝死症等類似的情況中，可靠的診斷和驗屍報告可能極為重要，因為我們害怕是因為自己做了什麼或忽略了什麼事才導致某人死亡，這種恐懼可能使悲傷更複雜。對喬治亞而言，驗屍報告減緩了他和妻子的恐懼。雖然這些事件可能讓人如釋重負，或是解答了一個令人困擾的問題，但這肯定不會使我們的悲傷「終結」。我們需要終結人們使用「終結」這個詞彙。

在你處理失落時，進行儀式和紀念活動能對你有所幫助。寫信給逝者並且在墓園中朗讀，是傳達你需要表達的感受，或甚至為你所做或未做的事情向逝者道歉的絕佳方式，但是在你的悲傷旅途中，這些重要步驟並不會讓你的旅程畫下句點。

當喬治亞被朋友問到，驗屍報告是否讓他不再感到悲傷時，他給了一個很好的答案：「這份報告回答了很多問題，它讓我放心，這點很重要。但是悲傷是要學會與失落共處。」

迷思5：我們需要處理失去的感受，才能解決問題？

這項迷思也源自一個世紀前佛洛伊德對悲傷的看法。他相信，當我們經歷失去時，同時也預期會經歷某種重大的痛苦。他認為，如果不表現出悲傷，就代表「我們的悲傷出了重大差錯」，顯示我們否認自己的失落或是壓抑悲傷。佛洛伊德相信，人需要表達自己的悲傷，包括哭泣、渴望，或明顯表現出某種痛苦的感受，才能從悲傷中復原並且解決失落感。

許多自助類型的文獻資料也載明，公開表達悲傷情緒和公開表現悲傷的人，比壓抑情緒者健康。由於這項錯誤的假設，使得能真正妥善處理悲傷情緒的人可能會受到影響，以為自己的方式是出了什麼問題。

這種迷思的危險性，就像五階段模式所產生的迷思一樣：它設定了一個悲傷的方法，亦即一種路線圖，如果我們不遵循圖示行走，就是有問題的，就是在壓抑或否認自己的悲傷，或者甚至更糟的是，可能我們並不像自己認為的那麼喜愛或在乎逝者。

我曾認識一對夫婦，他們的小女兒因白血病過世，妻子每次看到讓她憶起愛女的東西，就經常傷心落淚；先生則是成立一個學術基金會來維持對女兒的記憶，但他從沒掉過一滴眼淚。對此，他妻子感到很揪心，不知道他是否真的愛他們的女兒；而先生也很困惑妻子竟然看不出，保存女兒遺留下來的東西，就是具有愛與奉獻的做法。

這種對於應該如何表現個人情緒的期望，可能源自諮商中所謂的「情感偏誤（affective bias）」。我們在諮商時常會問當事人：「你對那件事有什麼感覺？」這種偏誤在關於男性和談論悲傷的文學中最為明顯。一般認為男性在悲傷中比女性有著更不利的情況，因為女性比較容易接受協助和表達情感。最近有位心理諮商師在一場演講中建議，當悲傷的男性使用「還好」（fine）一詞來回應「你好嗎？」這個問題時，它應該被解讀成「內心所感，從未表達」（feelings inside, never expressed）這幾句話的英文首寫字母縮寫。

事實：每個人都是以自己的方法面對失去。

對於失落感，我們需要面對與處理，但每個人都是以屬於自己的方式來做到這點。對某些人而言，這是漫長、艱鉅和對情緒具有挑戰性的任務；有些人則可以快速地處理悲傷，而且這樣做也比較不會心亂如麻。

每個人在處理悲傷，以及經歷、表達和適應失落的方式上也可能不同。你悲傷的方式、如何表現失落，又無論你是用哭泣、崩潰或以堅毅的方式回應，都不是衡量你有多愛逝者的方式。

當然，以公開表達悲傷的方式是一種方法，但其他方式也同樣有效。感性地表達悲傷是種直覺反應。對艾莉西亞來說，處理悲傷的方式包括加入支持性團體，可以在一群互相打氣的家長中哭泣，這些家長也了解她的失落。她可以處理自己複雜的情緒，包括因為失去而產生的愧疚、對上帝的憤怒，以及當死亡終於結束她女兒飽受折磨的最後時日之際她感受到的解脫。她說，當身處充滿同情心的環境中，「人們終會獲得體悟。」

有時，人們則會經歷生理上的悲傷，例如煩躁不安或身體疼痛。在這種情況下，我們會因為悲傷而思考或是去做某些事。這就是鮑伯處理失落的方式。鮑伯擔任機師的兒子在一次訓練任務飛越海洋時失蹤。之後鮑伯便開始研究潮汐類型，他會每天下午駕駛自己的飛機搜尋海面，看能否找到殘骸的蛛絲馬跡。

迷思6：人們對失落具有復原的本能？

許多人確實對失落的適應力較強，對悲傷反應較小，也仍能繼續妥善因應工作、家庭或學校方面的所有要求。還有許多人在沒有任何協助下也能應付得宜。

並非每個人都需要諮商，但有些人確實需要，特別是處理複雜的失落感以及缺乏強大支持系統的人們。

事實：復原力因人而異。有些人也可能很難承受悲傷，甚至還會失能。

悲傷並不一定是令人沮喪的經歷。我常在進行支持小組活動時，詢問成員們是否有想要討論的事。有位叫施薇亞的女士一開始非常遲疑，她開口道：「我想，」然後停頓了一下，接著說：「我覺得自己的狀況比預期要好。」但她似乎也擔心悲傷會突然襲來。

最近一項調查顯示，有略少於半數的受訪者相對較少表現出悲傷，甚至在痛失至親之後，還能維持正常作息，研究人員將這些人列為是具有復原力（resilient）的人。

這些韌性較強的悲傷者通常有某些共同特質。例如，他們的生活中較少出現失去（如：死別）的情況，失去也不會接踵而至。具有復原力的悲傷者在遭逢失去之前，心理是健全的。他們具有強大的內在靈性，能提供慰藉與支持。

堅強的悲傷者通常不曾經歷親近者猝逝的情況，也不認為死亡是「可預防的」，亦即他們不認為自己可做些什麼來避免這樣的失去。大多數人也表示，他們若能向逝者道別，就是種莫大的安慰。

對因車禍，甚至中風、心臟病等較突然死亡的死者親友而言，他們多半會想著「如果自己能夠做些什麼，死者是否還會活著？」這種假設性的猜想中，並且深感愧疚。

從悲傷中找到正能量

即使一個人的死因通常不能由我們控制，但我們可以從這些堅強、具有韌性的復原者身上學習到樂觀的心態。他們相信即使是最悲慘的情況，仍能帶給我們學習與成長的機會。他們認為「塞翁失馬，焉知非福」。

艾倫的兒子在登山時失足墜崖，意外喪生。雖然艾倫喪子的錐心之痛揮之不去，但有一件事令他感到安慰：他協助安裝的新護欄將可防止類似的悲劇重演。我們都有成長的能力，能讓自己成為更好的人，即使身處創傷中也是如此。

堅強的悲傷者也會試圖對逝者產生正面的回憶，他們表示，久而久之，這些令人感到安慰的回憶會自動浮現。例如，喪夫的施薇亞會到她丈夫生前喜歡的海灘：「我會在腦海中重播一幕幕的往事。一開始我是刻意去做這件事，但沒多久，不論我是在海邊，又或只是看著海灘的照片，我腦海中也會充滿這些溫馨的思緒。」

迷思7：久病過世比較容易讓人接受死亡？

這項迷思背後還有許多種隱藏版，例如，「久病不癒讓逝者較難受，但是讓生者比較不會太難過；猝逝讓逝者比較不痛苦，但是讓生者比較難受。」這項迷思是根植於「預期性悲傷」（anticipatory grief）概念的誤解。

「預期性悲傷」是指已預知有人死劫難逃，而為即將失去所愛預先感到悲傷，如此，等到對方真的過世時，我們比較不會震驚，而且也已經完成了部分的悲傷。

事實：不管要面對的是哪種形式的死亡，都是很困難的。

我的一位導師厄爾．格羅爾曼拉比（Rabbi Earl Grollman）過去時常強調，最糟糕的失落就是我們當下正在處理的失落。

不論是長期持續或突然面臨的失去，都會為生者製造不同的難題。突然的失去可能會帶來創傷感，覺得世界不再安全和可預期，也會對失去深感震驚，並且還要面對逝者留下的未竟事務。在長期而緩慢進行的失落中，我們也可能產生矛盾感，一方面等待不可避免的死亡，一方面又冀望能尋求避開死亡的定局。

不論是預期性悲傷或是預期性哀悼，都是一種誤解。我們在逝者生病期間感到悲傷的，通常是與疾病相關的失能，不論是身體或是精神層面。一直要到逝者往生後，我們才會為失去他們而感到悲傷。

第二章

何不勇敢來悲傷？

在字典中，悲傷的定義為：「與『失去』有關的重大悲痛或哀傷。」這就是悲傷，又或者說，對許多人而言可能那樣就叫悲傷。但悲傷也不只如此。悲傷是極為個人的反應，有些人面對失去會產生強烈到導致身心衰弱的反應，但有些人對失去的反應較為冷淡或是很快就能恢復。我們可以清楚認定，哀傷和眼淚等反應是悲傷的一部分，但是易怒、精神無法集中，或甚至身體疼痛等其他反應，可能比較不容易確認是源自於悲傷，所以會引起人們的疑慮和困惑。

事實上，失去可能影響我們生命的每一個層面，所以悲傷可以藉由我們的情緒、行為和在思考過程中傳達，也可能表現在身體和精神上。在本章中，你會發現在我們經歷悲傷時，可能會產生一些令人驚訝和意想不到的表現。我們也會提出「黃旗」和「紅旗」等警示，這些警訊會讓你知道，哪些悲傷的表現是不尋常且要多加注意，甚至需向專業人士求助。

傑自從失業後，就覺得身體不適，背部和肩膀都劇痛不已，一連串的檢驗也未能發現問題所在。傑上一次去看神經科時，醫師雖然查不出病因，但建議他聆聽自己在陳述病情時所說的話。傑注意到，當他談到自身的困擾時，經常會這樣說道：「我覺得所有事情都好像壓在我的背部跟肩膀上。」

對於失去，真的會產生類似這樣的身體反應嗎？答案是肯定的！身體表現悲傷是很常見的。這種身體反應可能包括（但不限於）頭痛、肌肉痠痛、月經失調、疲勞、胸痛、喉嚨或胸口緊迫、腹痛、呼吸急促、虛弱，以及對刺激過度敏感，還有些人會出現與逝者生前類似的生理症狀。

有時候，身體所產生的反應與失去有強大的關連，例如頭痛。在一九七〇年代，珍・尼可斯（Jane Nichols）談到流產和產下死胎的婦女出現的「希望落空症候群」（empty arms syndrome），這些女人會抱怨她們的上臂，也就是在舉起孩子或抱孩子用到的肌肉會疼痛不已，但當時這種因失去所引起的悲傷症狀尚未被證實。

在悲傷的兒童身上，身體不適的反應則特別常見。在我一門名為「兒童、青少年、悲傷和失去」的課程中，我問學生：「在夏令營裡，誰會最先知道哪個孩子想家？」答案是營地的護理師。因為很難獨立的兒童經常會因身體的病痛尋求協助，而那種生理病痛其實是由心理憂傷所引發的。他們的情緒在不自覺的情況下，可能會先轉變為生理反應。可見，兒童從很小就知道生病能招致關心，也是其來有自。

把憤怒說出來

如果我們能妥善處理悲傷等負面情緒，生理症狀就會減輕。這種情況就發生在派蒂身上。

派蒂走進我的辦公室時很生氣地說，她的醫生認為她的問題與她的悲傷情緒有關。

那時，我看到她的雙手明顯抖個不停。

她問我會不會覺得這一切都只是她胡思亂想才造成的。我問她，她之前是否曾經出現手抖的相關症狀。她告訴我，她父母說她小時候經常會在發脾氣時抖手。我又問她現在是否在生氣，她點頭並且低聲回說自己簡直是「氣炸了」。

派蒂是愛爾蘭天主教徒，經常會隱藏自身的情緒。之前，她和先生都是上班族，通常她下班後會先回家準備晚餐。在先生退休後，她回家時常發現家裡被她先生搞得一團亂。她雖然忿恨不滿，但從未質問她先生，也不曾建議他至少要整理後再開始用餐，而只是一再按捺住一肚子怒火。

他整天獨自在家，無聊得很，於是想獲得派蒂的關注。當她在廚房裡忙時，他會大聲喊她，或許只是要她對某件微不足道的事情發表意見，又或是要她看電視上的某個訊息。如果她很晚才回應，他就會丟出一句不以為然的「算了」。

在她先生因為嚴重中風而在睡夢中猝逝的前一晚，他又做了好幾次類似這樣的事。派蒂很自責，她覺得如果自己當時注意到這種情況，先生就會說出一些自己哪裡又覺得不舒服的話。同時她也很氣先生老是玩這種沒完沒了的遊戲，以及她現在必須孤單一人面對未來。

當她像這樣訴說著自己的憤怒時，手就不再抖了。

雖然悲傷引起生理反應是常有的事，但你絕不能輕忽。任何持續性的生理症狀，包括疼痛或痛苦，都應該要就醫處治。但是你的醫生必須了解，你所經歷的失落也會表現在生理上，理由很簡單：因為悲傷會危害你的健康！

研究顯示，在喪偶後第一年，悲傷者的死亡率較高，特別是較年長的鰥夫和寡婦。早在一九六九年，研究人員在說明鰥夫死亡率提高時，就曾指出所謂的「心碎症候群」（broken heart syndrome）這種症狀。後來科學家發現，喪親者罹患心血管疾病和免疫系統受損的比例會提高，這種情況可能與許多疾病發作有關，包括某些形式的癌症。他們也發現，憂鬱和焦慮症的發病率亦會提高（這對身體健康有負面影響）。但強烈的心靈（spirituality）自覺、良好的人際關係，以及生活具有目的和意義，則可以減輕這些負面影響。

這種較年長的鰥夫和寡婦死亡和發病率提高的情況，有許多成因。像是許多年長者其實是死於慢性病，而這些疾病通常與生活方式相關，例如飲食或其他習慣，往往是在婚姻中共同形成的。比方說，如果一位配偶抽菸，另一半就多半與二手菸共存。

悲傷也會造成壓力，對健康產生負面影響，特別是年長者。

最後，當配偶過世時，另一半的飲食、睡眠、運動或遵循某種醫藥規則等生活方式也可能會變差。負責為丈夫料理三餐、照顧營養的妻子，在丈夫過世後可能會吃罐頭食品，又或飲食不規律。

像我父親非常有時間觀念，對我母親服用輕微慢性病藥物的時間尤其注意。在我父親過世後，我們也曾懷疑母親是否能繼續遵循她的生活規則，因為她對於遵照這類指示經常很隨興。但她確實做到了，而且比我父親多活了十年。以她的例子來說，仔細遵守用藥規則，是她保有與丈夫的連結之一，她說：「法蘭克會想要我這樣做。」

了解這些危險可以讓你評估，悲傷會如何影響你的健康，提醒當你在與哀傷纏鬥時，自我照顧的重要性，並協助你所愛之人也認清這些跡象和症狀。

你可以透過問自己一些問題，確認是否對維護自身健康採取積極的態度，像是：你在身心緊繃時可以做些什麼來保持健康？你正餐吃得營養嗎？你的睡眠模式有顯著改變嗎？你有定期運動嗎？你有遵循任何醫療規則，例如按照醫囑服藥嗎？

同樣重要的是，要確認你在面對失去時可能會經歷的壓力。那種壓力影響了你的健康嗎？比方說，如果壓力讓你經常睡不好，你就要想辦法改善，像是根據就寢時間建立一個安靜和規律的例行程序，或是正確服用處方藥。

你也可以用其他方法來緩解壓力，例如將某些工作或任務延後處理，又或委派他人待辦。如果你喜歡按摩、芳香療法、冥想，或甚至到海灘或公園散步，不妨立刻去做。

雖然悲傷會影響健康，但我們可以採取行動，將那些負面影響降至最低，並減輕傷痛引發的身體反應。

藏在悲傷底層的感覺

悲傷是對於失去的其中一種反應，是悲傷旅程的一部分，但並非全部。

有些人會感受到強烈鮮明的顏色，有些人則覺得是淡雅柔和的粉嫩色系，這就是悲傷的個別性。這些情緒的發生也沒有一定的順序，我們要承認並接受自己所經歷的各種情緒。你的感受就是「你」，兩者已融為一體。你無法控制什麼時候會發生什麼事情，你只能去感受，並學習如何因應。

一、哀戚、渴望和寂寞的悲傷

哀悼經常包含了哀戚、渴望和寂寞等情緒。我們可能也經歷過內疚或憤怒、寬慰，或對更深層的失落而感到恐懼。這些情緒既有挑戰性，也很複雜，因而製造出使哀悼更繁複難解的羞愧和孤立感。

我的一位導師羅伯．卡斯騰鮑姆博士（Dr. Robert Kastenbaum）是悲傷領域的先驅，也是第一本探討悲傷的期刊《歐米茄——死亡和臨終期刊》（*Omega: Journal of Death and Dying*）的創始編輯，數年前他的女兒在父親節探視他後，不幸於一場事故中喪命。當我向羅伯表示哀悼之意時，他的反應是，他不知自己是否能從「女兒從此徹底缺席」這件事中走出來。

這就是悲傷的重點所在：我們會感到寂寞，因為分享我們一部分人生的某個人已不在人世；我們也渴望所愛之人回到身邊，或是期待往日情景能夠重現。

然而，在遭逢寂寞和悲傷時，我們可以做一些事來協助自己。我曾建議一個喪偶者支持團體，請成員說出自己覺得寂寞和悲傷的時刻。有位喪偶者說，她在週五的晚上感覺最難熬。因為先生還在世時，他們平日各自忙碌，但週五晚上是屬於彼此的夜晚，他們總是會在當地一家披薩店碰面，共享晚餐和美酒，並聊聊當天發生的事。另一位喪偶者則指出，對她來說，週五晚上同樣也很難熬，所以這兩位寡婦決定相約一起出去吃晚餐。一開始，她們只是因為寂寞而相互作伴，但久而久之，她們都期待著這個能外出相聚的夜晚。

雖然你無力左右自己的感受，也無法決定悲傷的歷程，但對於如何處理那些感覺是可以有所選擇的。即使處於悲傷中，你也並非孤立無援或只能任憑擺布。了解你的悲傷，並且明白你的情緒是面對失落時正常而自然的反應，你就可以開始處理你的感覺。

二、內疚的悲傷

內疚是最常見也最容易造成重大損害的一種情緒。有四位優秀的悲傷研究人員，在最近的一項研究中發現，過度內疚會對身心健康造成負面影響。內疚會從我們內在將人完全吞噬，並產生令人痛苦和煩心的回憶。

針對痛失子女的母親所做的研究，他們確認了六種不同的內疚類型。

- **因果性罪惡感（Causation guilt）**：這是指我們認為自己因為做了什麼，又或是沒做某事，才會造成某人過世。我們可能會執著認定，要是我們帶這個人去看醫生或是確認他的症狀，就可以避免死亡發生。不管我們是不是理性的人，都會這樣想。例如，妻子可能會為她始終無法讓丈夫戒菸而感到內疚，即使在他已經因為肺癌而接受治療時仍規勸未果。此外，我們也會為了自己無法控制的事情而感到內疚。

- **角色罪惡感（Role guilt）**：這種內疚通常會在面臨緊張和困難時出現，像是當病人在與病魔掙扎，或需要照顧及關心時，照護者就會認為自己本來應該要成為更好的父親、母親、兄弟、姐妹、兒子或女兒。

內疚也可能源自早就已發生的事件。例如，坎蒂這些年來就一直覺得很內疚，因為在母親過世後，她和哥哥發生爭執，此後兩人就沒聯絡。即使他們最後和好如初，她還是對當初彼此失和的那些年感到很後悔。

為何我居然沒發現？

以我親身的經驗為例，來說明罪惡感這件事。

當我父親生病時，我們曾一度發生衝突。當時，我父親纏綿病榻，他要求我拉起窗簾，我拉高大約六吋，但拉得太高了，所以他要我再放低些。我重複這個動作大約二十分鐘，而且每次都只拉高或拉低不到一吋，但仍不合他的意。最後，我沮喪地說，我只能再做最後一次了。

後來我才了解，他根本不是要拉窗簾，而是他意識到自己已缺乏控制事情的能力。我覺得很自責。我研究死亡已長達數十年，對這種事情應該要更敏感才對。只是，千金難買早知道，事後諸葛當然很容易。

最後，我以兒子的身分，而非心理諮商師的角色面對內心的這種感受，發現我不該對自己太苛責，也要原諒我父親。

- **道德罪惡感（moral guilt）**：這是指將自身的失去視為我們做了某件事的重大懲罰。當我在史隆凱特琳癌症研究中心（Sloan Kettering）和癌末的病童互動時，他們的父母經常會說：「父輩的罪孽會在子女身上得到報應。」他們承認各種原罪，包括年輕時的不忠、輕罪和重罪，甚至是很少去教堂，他們認為這些就是他們孩子生病的原因，儘管這些想法毫無根據。
- **倖存者罪惡感（survivor guilt）**：我們不明白，為什麼別人喪命時，自己卻能生還。當有兄弟或姐妹過世時，這是其他兄弟姐妹非常普遍的反應。

  像是父母可能會將過世的孩子理想化，認為他是完美的孩子。另一方面，仍然在世的孩子可能很容易就相信，自己是「毫不完美」的孩子，死的應該是自己。

  如果是年輕人過世，年長的人可能會認為不應該是他們這些白髮人送黑髮人。
- **悲傷罪惡感（Grief guilt）**：對於自己似乎不太會應付喪慟而感到內疚或羞愧。但是在「康復罪惡感（recovery guilt）」上，我們又認為自己表現得太好了。我們可能會同時經歷這兩種情緒。以下是一個例子。

你過得好，不需要感到內疚

葛莉絲在丈夫過世後覺得很慚愧。她發現自己要為年幼的孩子們強顏歡笑，假裝很享受耶誕氣氛實在不是件易事，但有時候她確實會覺得自己還滿快樂的，比方說在參加她兒子的聖誕花車遊行活動或女兒的假日音樂會時。但這時她會有罪惡感，自責先生還屍骨未寒，她怎麼可以過得這麼快活。

當你發現自己感到內疚時，可以思考為什麼會有這種情緒，這真的是內疚嗎？我們經常對自己希望控制或完成的事情抱著不切實際的期望，事實上，有很多事是我們無法掌控的。

以葛莉絲的情況為例，我要求她閉上眼睛，想像她可以做什麼事讓她丈夫戒菸。她這樣做之後說道：「我曾用盡一切方法把菸藏起來，有一次我甚至還用玩具水槍射他點燃的菸！」

如果你對某件事覺得愧疚，你可能想要寫信給逝者，而且在他墳前唸出來，或甚至假裝對方現在正坐在某張椅子上，然後你對著那張椅子說話。我會請個案以這些方式處理未竟事務，而我與他們進行的練習之一，就是讓他們坐在另一張椅子上，並且以他們認為對方可能會有的回應方式與之對話。

你也可以自問：哪些事情是我可以用不同方式完成的？我如何能從經驗中學習，甚至獲得成長？有時候，我們還可以反思「別人會覺得我有錯嗎？」藉由這個提問獲得對自身內疚的看法。

當你努力解析自身的感覺時，肯定與和解的儀式可能很有用。和解儀式讓你能夠完成因死亡而中斷的事務，向逝者好好道別，並且給予或接受寬恕。例如，你可以寫封信之後燒掉，藉此象徵性地將信的內容送入天際。肯定的儀式則是頌揚逝者的人生，並且讚美對方的傳承或成就。例如有位深受愛戴的小學老師過世後，她的學生就寫信提到這位老師曾經教他們最重要的一課，並將這些信寄給老師的家人。

藉由幫助他人，減輕自己的罪惡感

你的信仰或許具有能協助你因應內疚的儀式或信念。

我有位個案赫伯在他妻子在世的最後一年深感內疚，因為他喜歡上另一個女人。他妻子蕾貝嘉已罹患多年失智症，兩年前，當她所需的照護遠超出他能力所及時，他不得不將她送到療養院。但他仍是個盡心盡力的丈夫，直到她臨終前，每天都會前往探視。

不過在蕾貝嘉過世的前一年，赫伯和一位鄰居寡婦變得很親近。他們會一起用餐、散步和看電視，雙方的成年子女都很理解他們的新關係，也認為這種關係讓他們的父母不再那麼孤單寂寞。

蕾貝嘉過世時，赫伯對自己的不忠懷有罪惡感。諮商似乎無助於減輕他的愧疚，直到我問他，如果他覺得自責，何不從自己的信仰中尋找寬恕之道？於是他決定，既然他「不忠」的時間是一年，他會在一項失智症日間計畫中，每週擔任一次志工滿一年後，再和他的新伴侶一起旅行。

幾個月後他來電告訴我，他現在每週擔任三天志工，所以他們可以在四月份後就提前啟程去旅行。

三、憤怒的悲傷

憤怒也是常見、而且有時會令人感到迷惑或驚訝的反應。喪親（bereaved）這個字的字根是指強行搶取或奪走某樣東西。用七〇年代「剝奪」（ripped off）的說法來詮釋可能最貼切。當我們被奪走深愛和關心之人，常見的反應就是憤怒和情緒激動。

有時候，那種憤怒會針對性地發洩在我們認為要為這種痛苦負責的人身上。例如，怒氣可能會集中在某位護士或醫師，或許是某位牧師或朋友，我們覺得他們沒有像我們期望地那般留心、敏感或提供支持。我們甚至會對逝者生氣，怪對方沒有好好保重自己、怪對方為何離世，或是怪對方不顧及我們哀傷，獨留我們隻身在世。有時，憤怒會如排山倒海般巨大無比，我們開始對上帝生氣、對更高的權力或世界生氣，這種憤怒沒有一個明確的目標。總之，我們充滿憤怒之情，以自己的方式對所有人猛烈抨擊。跟我們最親近的人往往會感受到我們怒氣的螫針，他們變成我們發洩怒火既安全又方便的出氣筒。

憤怒是很自然且可以理解的情緒，但是當你在最需要支持的時候，它會使你孤立無援，趕跑你最需要的人。

那麼，你應該如何處理憤怒？首要之務是探索你的怒氣。例如，你何時會感到憤怒？原因是什麼？有必要這麼生氣嗎？你如何表達怒氣？它對其他人造成什麼影響？

如果你發現自己確實有合理的憤怒原因，你可以考慮以建設性的方式疏導那種情緒。例如，因為法律寬鬆和執法不力，讓肇事的酒駕者一犯再犯，而且得到的懲罰微乎其微，不滿的母親們於是成立「母親反酒駕組織」（Mothers Against Drunk Driving）。這些年來，該組織不僅改變了美國的法律，也改變美國社會對酒駕的觀點。

但許多時候，憤怒並不是針對任何該負責的人，又或是法律的不公不義。你可能會發現，大多數時候，你不是對某個人生氣，而是對你自身的悲傷、失落和孤立無援而生氣。此時，你必須思考該如何疏導那種憤怒。有時候，運動可以助你一臂之力，你可能也會發現寫一封寄不出去的信、跟好友聊聊自己的感受、用力捶打枕頭，又或在空無一人的海灘大聲喊叫等方式會有幫助。

有時，「幻想」也是個因應憤怒的妙方。例如，在第六十二頁例子提到的葛麗絲，她會想像，在來生遇到她先生時她會這樣說：「我會先告訴他，他的死對我造成什麼影響。還有，我真的很希望他能看到自己變得更好更健康。」

四、面對悲傷的其他反應：恐懼、鬆了一口氣、產生責任感

你在面對失去之後也可能會感受到焦慮和恐懼。在創傷性、非預期或突如其來的死亡發生後，倖存者可能會認為這個世界是危險、不安全的。即使逝者是因久病而過世，也可能使生者害怕單獨面對世界。恐懼會使人軟弱，也會讓你無法盡情享受人生，害怕單獨外出或是參與曾經喜歡的活動。

母親的恐懼，妨礙了孩子的成長

有一種因悲傷所產生的恐懼後遺症，不只會影響自己，還會影響其他人。

對瑪麗安而言就是如此。因為她的大兒子鮑比溺斃，使她對小兒子比利過度保護。

雖然她住在靠近海灘的社區，但她嚴禁比利到海邊游泳，並且在自家後院蓋了一座游泳池，這樣她才能夠盯著他和他的朋友，確保他們在泳池裡的安全。隨著比利進入青春期，讓他無法抗拒海灘的誘惑（這是當地年輕人消磨時間的好去處）。瑪麗安發現，在以海泳為主要活動的社區裡，比利並不像他的朋友那麼會游泳，事實上，瑪麗安的焦慮使比利根本無法盡情游泳。

當瑪麗安努力克服內心的焦慮時，她發現當地的ＹＭＣＡ有個針對青少年開設的游泳課程，能助她一臂之力。

對於失去還有一個常見的反應，那就是感到寬慰。你可能會鬆一口氣，因為對方的痛苦和磨難現在終於結束。你很難眼睜睜看著所愛之人死去，看到他們力氣盡失、日漸消瘦，看著他們慢慢放棄曾經非常重視的事物時，為對方的解脫感到如釋重負，是很自然的事情。

同時，你也會覺得終於鬆了一口氣。每一種疾病都是「家庭疾病」，因為每個家庭成員都會受到影響。當近親中有人面臨生死關頭時，我們的生活也會隨之改變。我們的責任和壓力都增加了，情緒經常處於混亂中，睡眠也可能隨時被打斷。當死亡終於發生時，覺得自己的苦難將隨之結束並不是自私或是錯誤的想法，這是正常的，也是人性。

在不健康的關係中，感到解脫也可能有其他原因。在這類案例中常見的是，有些人可能想要支配和控制他人，他們令人感到窒息和不悅的話語經常讓人受傷。當這類人過世時，會讓人覺得解脫，因為我們終於得以擺脫一個沉重的關係。例如，研究就發現，女性與配偶間若是處於高度被掌控的關係，在另一半過世後，守寡的女性會顯得容光煥發，神采奕奕；而且她們也會有所成長，並培養新技能，發展新興趣。

我們在悲傷時經歷的一些情緒，有時甚至是正向的。我們可能會深深感謝能和對方一起分享生活與美好的時刻，我們也可能為所愛之人的成就感到驕傲。這種愉悅之情，也可能是因自己而生，比如當對方不久於人世時，我們自豪能將一切狀況都處理得很好，又或是把對方照顧得很好。

正向感覺並非代表否定悲傷，而是面對失去時的另一種自然反應，它表示：即使悲傷的痛苦減輕，與逝者有關的記憶和聯繫仍然會持續存在。

與悲傷共存的自豪及感恩之情

「我不知道自己到底是怎麼了？」瑪姬若有所思地說道，「我母親過世時，我以為我會感受到強烈的悲傷。我甚至以為，我可能會因為我母親的垂死掙扎和我自己的努力奮戰已經結束而感到鬆一口氣。結果相反，我感到強烈的自豪。我到底要什麼時候才會感到悲傷呢？」

其實，瑪姬的驕傲感是可以理解的。她母親先是得了阿茲海默症，之後又罹患癌症，五年來只有她在照顧媽媽。瑪姬所做的遠比她所能想像的還要多。她能妥善地打點一切，包括安排自己的休息時間、滿足母親的需求，並提供特別的照護。同時她也積極參與一個地方性的支持性團體，甚至接受訓練並成為協調人員。在這五年內，她藉由培養新技能找到了新的力量，對母親的關照也絲毫未減。

許多人與瑪姬一樣，以為只能用強大的憂傷情緒來識別傷痛，如果我們沒有覺得不舒服，就誤以為自己並不悲傷。但如同瑪姬一樣，我們可能對這項關係或是在這種情況下完成的事情感到自豪，我們可能認為共處的時光是一種恩賜，並且感受到深刻而永恆的愛與感謝。

另外，有一位名叫赫伯的先生，在妻子過世時說道：「我非常想念她，但即使感到寂寞和失落，我仍覺得相當平靜祥和。我們在一起五十六年了！有多少對夫婦能共度這麼長久的時光？有多少對夫婦能說『五十六年來，我一天比一天更愛她』？對此我一直心存感激。」

還有一個我自身的例子是，我有位好友英年早逝，我對這項噩耗的其中一個反應是，心中湧現深深的承諾感。我告訴自己，我保證要好好照顧他的幼子，也就是我的教子。在整場喪禮中，我不斷自我提醒：「這是我會信守的承諾！」我的悲傷與強烈的自豪感交織著：我的朋友一定會對我參與他兒子的人生感到欣慰。

悲傷也會影響你的思考方式。當你第一次面臨失去時，可能會感到震驚。即使某人是久病之後過世，你可能還是沒料到對方會在此時離開。

一切彷彿在夢中

就如同我的同事泰芮絲．蘭度（Therese A. Rando）博士常說的：「大多數人都是於『久』病不癒後，在今天才『突然』過世的。」我們一開始對此的反應可能是難以置信。你覺得自己是在做惡夢，仍在等待夢醒。每當門鈴或電話響起時，你還是抱著一線希望，期待有人來告訴你，一切都只是嚴重的失誤或惡毒的玩笑。

你也可能會很難集中精神或是專注力，也難以釐清思緒。你腦筋會一團混亂，經常問著相同的問題，並且忘了之前已被告知的答案。你可能走進房間裡找東西，後來卻忘了自己為什麼會在那裡。

既然悲傷會削弱思考能力，自然也會影響工作或課業。就兒童和青少年而言，悲傷在認知表徵上可能會被誤認為是學習障礙；在年長者身上，它們則可能看起來像罹患失智症。我在訓練心理諮商師和心理學家時，總是建議他們先討論最近個案在生活上的改變，例如喪親等變故，藉此對失智症或學習障礙開始進行評估，這樣他們就可以判斷他們所見的現象是否真的是悲傷造成的。

你的失去可能會讓你喪失自我感（depersonalizatoin），一切似乎都不真實，你只是無意識地活動著，猶如行屍走肉般。你可能坐車抵達某處，但對這趟旅程根本毫無印象；又或許當你準備晚餐時，覺得自己彷彿處於自動導航模式。

另外，還有些人會專注在自己的失落上。他們著魔般地想著逝者，他們會設想各種不同的情況，以及可能導致的結果。侵入性記憶（intrusive memory）會在不合適的時機出現。他們陷入一種反芻模式，不斷重複想著自己的感覺有多糟，或是一心只掛念著逝者。

將逝者理想化或妖魔化

由於社會常告訴我們，只要記得逝者好的一面。正所謂「死者為大」，許多人通常會將逝者理想化，奉為完人，所有人都不如逝者重要。但是將逝者理想化，會扭曲我們對那個人的真實記憶。事實上，逝者具有優點，但也有缺點。理想化會影響我們的悲傷，因為我們必須與自己真實的失落感達成共識，如實處理自己喜歡和不喜歡對方之處，忽略和未忽略的部分。理想化會使我們無法面對自己的失去。

此外，將已逝的人妖魔化，例如會施虐的父母或配偶，也可能降低我們的因應能力。處理失落，包括承認正向的時刻和特質，即使這部分被太多的負面特質給掩蓋。

理想化也會使生者的生活更複雜。喪偶者常遇到的一個問題，就是新伴侶必須與現在被奉為完美配偶的已故者相競爭。當兄弟姐妹過世時，也會發生相同的情況。仍在世的手足可能覺得，他們總是必須和鬼魂競爭，就像以這類失去為主題的兩部電影《凡夫俗子》（Ordinary People）和《站在我這邊》（Stand By Me）所描繪的那樣。

與逝者接觸的非凡經歷

我們甚至還會經歷不尋常的認知反應，例如感受到逝者的存在。路易・拉格朗博士（Dr. Louis LaGrand）稱之為「非凡經歷」（extraordinary experiences）。

我就曾有一次感受到我教子父親的存在。我教子基斯的父親過世後，基斯就成為我們家的一份子。他經常到我們家，和我們一起去滑雪和過暑假。有個夏天，我們到巴哈馬的亞特蘭提斯度假，在那裡，基斯度過了他一生中最愉快的時光。某天晚餐後，我到海灘散步，那時我突然覺得他往生的父親就在我身邊，感覺就像我身體的每個細胞都被對方擁抱，對方是在對我信守承諾照顧他兒子表達感謝之意。

夢到逝者是很常見的事，而且夢境涵義可能也很清楚。有個年輕的男孩告訴我，雖然他祖母過世了，但她在他的夢中依然健在，就如還在世時會去看他。有些夢境則可能寓意模糊，令人困擾，而且充滿隱喻。像是有個男子描述自己做了個夢，在夢中他和妻子搭飛機旅行，妻子去洗手間後卻一去不返，先生很擔心，要求空服員檢查洗手間，但裡面空無一人。對他而言，他妻子的驟逝也是種神祕的消失。

有時候，有些經歷則有象徵的意義。有個女人去掃她兒子的墓時，看見一隻鷲鷹（Hawk）在墓園棲息。當被問及這件事對她是否有任何意義時，她回答：「我兒子的暱稱叫霍克（Hawk）。」另一個叫夏琳的女子，在看到蝴蝶時就會想到她妹妹，因為：「當我最需要或最想念她時，牠們似乎就會出現。」

有些經驗也可能來自第三者，也就是透過他人所說或所做的事情，似乎傳達了來自逝者的訊息。我母親過世時，我兒子麥克就經歷這樣的事情。他和他祖母非常親近，當時就住在她家。某天早上，她在他上班時打電話來，說她忘了把已故丈夫的日記放在哪裡，那本日記裡充滿了丈夫對她的愛意，能給她極大的慰藉。麥克向她保證他回家後一定會把它找出來。當天稍晚，我母親不慎跌傷，且傷勢嚴重。我兒子在沙發座椅的縫隙中發現日記，他把日記帶到醫院，並把內容唸給昏迷的祖母聽。她在幾天後便不幸過世。後來某日，一位鄰居告訴麥克，他太太做了一個夢，夢裡看到麥克的祖父母手牽手走在路上，就如同他們相知相守了五十幾年的婚姻。這個故事安慰了麥克，他相信祖父母現在已經團聚了。

然而並非所有的經驗都令人欣慰。例如一位年輕女孩的父親嚴重酗酒，後來死於肝硬化。女孩在父親死後看見他的影像召喚她到危險的地方，例如車庫屋頂或車水馬龍的大街上。當我們處理她對父親的矛盾感覺、她對這種矛盾心理的內疚感，以及她對父親生前製造的混亂所產生的憤怒時，她的幻覺就消失了。

來自天堂的問候

有些人會感受到某人的存在。他們可能會遇過某種情況，那就是似乎聞到、聽到、看到逝者，又或是感受到逝者的觸摸。

我第一次得知這種難以解釋的異事，是年輕時擔任心理諮商師，協助一位名叫布蘭達的年輕女子。她因為三歲的女兒突然過世前來接受諮商，在那段期間，她很苦惱是否要再生小孩，她害怕下一個孩子也可能夭折，但又覺得孕育下一代是她人生的一部分。

有一天，她到我的辦公室，激動地說到她剛剛經歷的事情：在女兒過世前，當她和女兒在一起時，會搽她最喜歡的香水，並在女兒身上也稍稍搽一點。然後，她女兒會在房間裡跑來跑去，確定在場每個人都知道她聞起來就跟媽咪一樣香。她女兒過世時，她也用這種香水塗抹遺體，並且把用過的香水瓶放進棺材。後來，她改用了另一款香水。那天早上，布蘭達說當她在女兒房間時，房間裡似乎瀰漫著以前用過的那種香水味。她覺得是女兒是要用這種方式讓她知道，自己很安全，也很快樂。

這件事過沒多久，布蘭達完成治療，並且又生了三個孩子。

編織夢境，止痛療傷

如果你沒有上述這類的經驗，可能會覺得有些懊惱。我們渴望擁有這種經驗，以便與逝者有所連結。雖然並非每個人都能日有所思夜有所夢，又或有奇特的經歷，但你可以創造虛擬的夢境。

在這種練習中，你大概需要八到十分鐘，在內心建構某種帶有失去意象的場景，進而獲得療癒。

你也可以寫下象徵和連結間的意義。首先，選擇代表失去的六個元素，其中兩個要與某個地方相關，例如你最喜歡的沙灘、漫步的森林，或是家。另外兩個必須是人物，例如哭泣的哀悼者、天使或陌生人。最後兩個則代表你的失落，例如空床、空椅子或未寫完的書。接著，你要利用夢幻般的故事來連結這些元素。

例如，喪偶的中年婦女艾娃想像在一個空無一人的沙灘（當初她就是在海邊遇見她的丈夫）、一位救生員（她丈夫年輕時曾做過救生員）、一隻折翼的海鷗、一個神祕的男子、狂暴的風浪，以及一隻老鷹。在她的夢境中，海鷗在海中掙扎。神祕的陌生人走進水中但又消失了。接著救生員救起海鷗後，海鷗變成一隻老鷹雄偉地飛進地平線。當艾娃跟他人講述這個夢境時，她了解到，失去丈夫後，她就必須變成老鷹，而非她一直扮演的受傷海鷗。

像這樣，當你寫下自己的虛擬夢境，就會思考你在閱讀這個故事時出現的情緒，以及其中蘊含未解決或已解決的問題。你可能會想分享自己的故事，就像你會對知己講述難忘的夢境一般，對方可能會在這個故事中看到你忽略的事情。這項練習也可以讓你察覺你尚未面臨或已確定的情緒，並且讓你了解失落帶給你的意義。

有些人則會透過靈媒或精神導師尋求與逝者接觸，但我要提醒你，還是最好先釐清自己為何想這樣做的原因，以及結果是否會讓你更加困擾或心煩。當然，有些提供這種服務的人可能很真誠良善，但還是要小心為妙。

研究顯示，有近六十％的人有過一次或多次曾感應到逝去親友的經驗。即使如此，我們對這種事情仍所知甚少。大部分喪親者都覺得這種經驗令人欣慰，也認為能因此與逝者再度產生連結，但他們卻害怕討論這種事，因為不知別人會做何感想。

失去信念的絕望

悲傷也會影響你的思考和挑戰你的信仰。你可能覺得悖離了自己的信仰，很難集中精神，不斷想到逝者，其影響縈繞在你腦海中揮之不去。

「當你迫切需要祂，而所有其他的救助都山窮水盡、無濟於事時，你會發現什麼呢？一扇當着你的面砰然關閉的門。」這些絕望的文字是出自英國知名作家C・S・路易士（C. S. Lewis）。他是虔誠的基督徒，作品大多反映了他堅定的信仰，但是當愛妻垂死之際，連他都覺得上帝離棄了他。

路易士的文字提醒我們，雖然某些人能在自己的信仰中找到重大慰藉，但某些人可能深受信仰掙扎之苦，並且充滿疑慮。我們可能發現，要相信一個仁厚慈善的世界或慈悲之神是很困難的。我們可能對宇宙感到憤怒，或是害怕、懷疑這種喪親是不是一種懲罰或一項訊息。我們的信仰似乎會讓我們產生另一種失落感。我們必須尋找自己的信仰和信念，看看它們在這個危機中如何能撫慰我們。

不論你是否相信上帝，在精神上都會和悲傷有一番搏鬥。失去會造成一些非常深刻的影響，其中可能包括它將挑戰我們的信仰。

在我諮商過的個案中，最辛酸的是一個自稱為人道主義者的男子。「我不相信上帝，」他表示，「但我相信每個人內心都有一股神聖的火花。」他認為自己的角色就是要觸發那股火花，協助它在自己和他人心中成長，他也在生活中充分實踐他的信仰。但是當他青春期的愛女被一個遊民姦殺，而這個遊民還是他時常請來打零工的人時，他對人道主義的信仰便粉碎了。「我已經逐漸接受我女兒的死，」他承認，「但我還無法接受自己所相信的一切已經不復存在。」對他而言，他必須找到理解世上為何會有「無差別邪惡」（random evil）的方式。

你需要獨處，也需要分享

悲傷會影響我們的行為，像是悲傷時會流淚哭泣，但有些行為可能看來與喪慟並不相干。

許多年前，我們辦公室一位名叫秋子的祕書突然「被離婚」。就像有人過世一樣，離婚可能是突如其來，也可能是漸進式進行。有些離婚就像慢性病，夫妻關係因為長期惡化和失調，接著就離婚了。有些離婚則是非預期的。秋子的丈夫因外遇而拋棄秋子，之後便跟她離婚。秋子對此憤怒不已，怒斥辦公室裡所有的男性，她很快就讓人避之唯恐不及，而這更加深了她的失落感和悲傷。

當憤怒嚴重影響我們時，可能會迫使別人離我們而去，使我們變得孤立，甚至連自己也變得厭惡自己。

有些人悲傷的方式，是讓自己忙於工作和活動，希望將自己的時間表填滿，藉此埋藏痛苦；有些人則可能會想要躲起來，不與外界接觸。凱瑟琳・桑德斯（Catherine Sanders）博士經歷過喪兒之痛，後來成為頂尖的悲傷研究學者和臨床醫生，她談到在「自我保護和退縮」的這段悲傷期間，我們看起來像逐漸恢復正常，返回工作崗位或是返校，重新履行職責，但實際上只是在做自己該做的事，而這會耗盡我們的精力。我們精疲力竭，白天猶如行屍走肉般渾渾噩噩地工作，沒有餘力做其他事情。回家後，我們只想要獨自悲傷。

在面臨失去時退縮和讓自己保持忙碌，是可以理解的，你確實需要時間獨處，消化你的悲傷，但你也需要時間和其他人相處，獲得喘息、支持，並且與人分享傷痛與回憶。你要在獨處以及與他人共處的時間上取得平衡。

處理悲傷的方式不同，也可能讓彼此產生衝突。有些悲傷者會避免別人提到他們的失去，有些悲傷者則會刻意找出那些提醒的事物。例如，有人可能想要家裡擺滿充滿回憶的照片，但有人可能想要把所有令人痛苦的照片都收起來。

淡化哀傷的黑色幽默

有些人會運用幽默來應付失落。

在我父親的喪禮上，有一小段時間是讓家人聚集，最後一次瞻仰遺容，隨後再蓋棺，前往墓地。

我們嚴肅沉默地坐進長型豪華轎車，轎車跟在靈車後頭。那間殯儀館當天很忙碌，有四場葬禮分別在不同的墓地進行。在車上，我弟弟打破沉默；他拍拍司機的肩膀，輕聲詢問，我們跟的那輛靈車前面是否還有另一輛靈車。司機被這個問題弄得有點糊塗，不明所以，他表示前面只有一輛靈車。我弟弟聽了之後回答，前面那輛不是我父親的靈車，司機聽了驚慌失措，這時我弟弟才坦承他只是在開玩笑，我們全都笑了出來。話匣子再度打開，我們彼此分享了父親的故事以及對他的回憶。

幽默確實能應付失落，它可以紓解緊張的壓力，提供類似哭泣效果的情緒宣洩。但是幽默也可能看似冷酷或是不夠體貼，會讓別人感到疑惑不解，而且還可能使他們避之唯恐不及。

典型VS.非典型悲傷反應

悲傷會影響你生命歷程的每一個部分，包括身體、情緒、精神、社交和心智。你可能覺得身體不適，全身疼痛，重大失去引起的壓力的確會危及健康。你可能經歷各種情緒，包括愧疚、寬慰、悲傷，有時甚至會覺得解脫。

例如，吉姆的父親過世時，吉姆百感交集，其中還夾雜了如釋重負的感受。即使吉姆年過四十、已婚，而且獨立自主，但他一直在對抗他父親對他的掌控與過度期望。

到目前為止，本章說明的悲傷經驗都很普遍。你不可能出現所有的反應，但可能會有其中一種或幾種感受。

一般的悲傷反應

情緒

- ＊哀傷
- ＊孤獨寂寞＝渴望
- ＊焦慮和恐懼
- ＊罪惡
- ＊憤怒
- ＊愛
- ＊寬慰
- ＊解放
- ＊正向思考

認知反應

- ＊震驚
- ＊精神無法集中

* 思考障礙
* 疑惑
* 自我感喪失
* 理想化
* 一心只想著失去的人事物
* 非凡經驗

生理反應

* 頭痛
* 肌肉疼痛
* 疼痛
* 疲勞
* 喉嚨或胸口緊繃
* 呼吸短促
* 對雜音、光線或其他刺激過度敏感
* 性功能障礙或月經失調

行為

* 哭泣
* 退縮
* 突然暴怒或行為衝動
* 過度活動
* 幽默

精神上的改變

* 懷疑和否認
* 重生信心或強化信心
* 改變信仰

至於非典型的失去反應有兩種狀況，一種是「黃旗」，這是代表必須提高警覺的警告性黃色信號。另一種「紅旗」則是表示危險的紅色警示，顯示情況比較緊急，問題有賴專業協助才能解決。

須提高警覺的黃旗警訊

黃旗是反映當你適應或改變個人的角色和行為時，可能發生的變化，有時它們是顯示在悲傷下潛藏著更大的問題。

比方說，出現和逝者在生前一樣的行為，可能反映對所愛之人有不適當的認同，也可能只是一種常見的歷程，又或是因某人逝世後對家庭體系改變所產生的反應。例如，艾莉逐漸變成像她丈夫那種恪守紀律的人，因為在她丈夫過世，她不得不在角色上做出這種改變。

又如曾經是中學足球明星的蓋文在他哥哥過世之後，開始對美式足球感興趣，因為他哥哥是美式足球選手，然而他父母也擔心他可能試圖取代哥哥。但情況並沒有那麼複雜，其實蓋文在進中學時就決定要打美式足球，因為那所學校的美式足球遠比足球有名。

然而有些情況就沒這麼好。羅比的哥哥因為服藥過量而身亡，不久後，羅比也開始使用禁藥。對羅比而言，他哥哥是超級英雄，是酷炫的代名詞，使用禁藥不僅是他應付失去的自毀方式，也表示他不健康地過度認同已故的哥哥。

當你產生與逝者類似的症狀時，可能是因為日積月累的焦慮所致。像是當親朋好友過世時，你可能會更注意自己的健康，而且對任何症狀都超敏感。不過，如果你有任何健康上的疑慮，找個了解你情況的醫生檢查的確比較好，至少這樣會讓人更放心。

此外，我們也會保留舊物以睹物思人，也許是相片、珠寶、手錶、衣服等，或造訪能使我們與逝者產生連結的地方。

早期我曾擔任學生牧師，輔導罹癌兒童。那時我很喜歡一位血癌末期的調皮小男孩強尼。我在單位服務的最後一天，員工為我舉辦派對，送我許多禮物，強尼沒錢買禮物，他覺得很難過，所以他脫下他手上的醫用腕帶送我，好讓我有可以記得他的東西。四十年後，這條腕帶仍保留在我的抽屜中。

保有能讓人想起逝者的紀念物並沒什麼不對，但是隨著時間流逝，這些物件可能會變得沒像當初那麼重要了。瑪麗告訴我，她六歲兒子因為一場意外喪生後，她就經常到他最愛的遊樂場，因為那裡充滿了對他的回憶。時間一久，瑪麗了解到，她的回憶就在心裡，她不一定要到遊樂場才能重拾回憶。後來她還是會重回遊樂場，只是不像以前那麼頻繁。

但當讓人與逝者產生連結的物件過度被神化，在某種層面上，則表示當事人很難承認失去，這種現象就屬於黃旗警訊了。例如，某位大學生如果不使用亡父留下的筆，他就無法應試，因為他相信父親會透過那枝筆在冥冥中協助他。

這些物品也可能會干擾你的生活或是給他人帶來困擾。有一位八歲的小女孩蕾娜，她姐姐安妮在六年前死於癌症。蕾娜和母親的關係在過去一年裡急遽惡化，甚至還在大庭廣眾下打她母親一巴掌。她的憤怒並不難理解，因為這個家就像是她已故姐姐的博物館，蕾娜的臥室以前是安妮的房間，現在房裡仍擺滿姐姐的照片、獎盃和玩具，蕾娜連碰都不能碰。我明白為什麼蕾娜會生氣，只是我不了解，為什麼在事過境遷六年後，才演變成如此激烈的態勢。

情況緊急的紅旗警訊

出現自毀的行為時，代表你很難處理自己的失去。你還可能會飲食不正常、缺乏運動，或是未遵照醫囑。

有時候，這類自我放棄的行為也可能是憂鬱症的跡象。面對失去的常見反應是哀傷，但憂鬱症則是需要治療的疾病。嚴重憂鬱症的特徵，並非像悲傷時經常會經歷如雲霄飛車般的情緒起伏，而是持續出現哀傷和絕望感，且時間超過兩星期。其他症狀可能也包括：對活動的樂趣和興趣降低、失眠或睡太多、原因不明的暴飲暴食或食慾不振、疲勞、持續激動、感覺活著毫無價值和自尊低落、過度內疚、無法集中精神，以及反覆出現想死的念頭。這些反應可能會嚴重到損害你的工作與生活能力。

例如，蜜雪兒發現在她哥哥過世後，她就很難集中精神做功課。又例如在學校餐廳工作的雪莉，每次看到有很像她死去兒子的孩子，就會忍不住哭泣，後來她的經理便讓她留職停薪。如果你有類似上述的反應，或之前有憂鬱症的病史，又或者你懷疑自己可能罹患憂鬱症，請務必由醫學專業人員評估。正常的悲傷反應和憂鬱症之間的界線可能很難判斷。

還有其他自毀的行為，可能是你欠缺妥善應付悲傷能力的藉口，像是酗酒、使用禁藥，或甚至濫用處方藥，都是常見的例子，還有些悲傷者可能會有自殺的衝動。如果你有以上任何一種行為，請立即尋求醫師或心理諮商師的協助。

還有一種比較極端的情況，是想要傷害別人，造成他人情緒或生理上的痛苦。有時候這種由悲傷轉化的憤怒是針對特定的人，也就是我們認為要為這項失落負責的人。

例如里克的兒子查理在一場車禍中喪生，驗屍報告指出他是酒醉駕車。里克怪查理的朋友隆恩讓他兒子在判斷力與控制力不佳的情況下開車，而且還成為這場車禍的倖存者。有很長一段時間，里克十分痛恨並且拒絕見到隆恩或他的家人。

第三章

在哀傷之旅中，尋找新的意義

有句亞洲諺語說：「我們每個人在某些方面和別人一樣，又有些地方不一樣，還有某些方面是個人所獨有的。」

當我們檢視悲傷的歷程，就知道這句話還滿有道理的。有些人可能會有類似的悲傷反應，它遵循特定的過程、途徑和風格（稍後在本章和第四章會探討這部分）。但你的悲傷絕對是獨一無二的，就像你的指紋一樣獨特。

關於「失去」的六個問題

悲傷具有個別差異，因為每個人都是與眾不同的，有自己的個性和經歷。當你試著了解並釐清自己對失去的反應時，你需要問自己一些問題。

Q1：「我究竟失去了什麼？」

厄爾．格羅爾曼拉比[1]曾說，當我們父親或母親過世時，就失去了過去；當我們喪偶時，就失去了現在；當我們喪子時，就失去了未來。

這句話是有些道理，但事實上，我們經歷的每一種失落都會影響我們的過去、改變我們的現在，也改變之前曾預期的未來。每一種失去所產生的影響都不同，我們的悲傷亦是如此。

Q2：「我對這種失去的依賴有多深？」

你對失去之人事物的依賴程度，會跟你的悲傷成正比。例如失業對某些人而言，是失去經濟收入，但對有些人卻代表著夢想破滅。又如失去對你人生有重要影響的祖父母，或是某個與你互動很少的遠房親戚故去，對你來說悲傷程度當然不同。

在九個月大、完全得仰賴雙親時失去父親或母親，跟在九歲或是二十歲可以獨立時失

1 編註：Rabbi Earl Grollman，死亡和瀕死領域的研究先驅。

親，所產生的衝擊是不一樣的。對家庭主婦諾拉而言，離婚讓她的人生產生許多變化。在房子賣掉後，她就必須搬家、找工作、兼顧工作與孩子，並且適應離婚後降低的生活水準，這一切改變使得她因為失婚和失去人生伴侶所產生的悲傷更為複雜。

依賴不一定是對實質的物品或金錢，也可能是在情緒層面。我們所愛之人經常使我們覺得受到重視，他們能慧眼獨具看出我們的特質。在他們身邊我們會覺得很安全，可以做自己，因為他們全然了解我們。當我們失去他們時，不論是因為過世、分開或離婚，我們仍然會有這些需求，只不過可能再也沒有任何人能滿足這些需求。

每一種關係都有一定程度的矛盾。像是雖然我們愛這個人，但對方也可能會讓我們抓狂，「我無法和他一起生活，但離開他卻又活不下去。」我阿姨和她先生就是如此。他們的婚姻反覆經歷了多次分離與復合，在這些情況下，悲傷與內疚可能會因為這類關係中長期持續的憤怒和內疚而加劇。

癌母對兒子的情緒勒索

有時愛恨交織的矛盾也會發生在青春期所經歷的失去。青少年的個性叛逆，但事實上卻又渴望得到父母的愛，這種矛盾情結使得親子關係經常呈現劍拔弩張的狀態。

當雷正值青春期時，他的母親因乳癌過世，而他在母親臨終前幾個月經常避開她，一方面是因為他較常跟同儕在一起，另一方面則是害怕他母親對他的方式。

雖然雷愛母親，但同時也恨她，因為她發現自己來日無多時，便嘗試要控制他剛萌芽的獨立性，想要他常待在她身邊。隨著母親愈來愈需要他撥出時間陪她，他開始覺得她在利用生病操縱他。直到母親過世後，他仍一直在和自己的罪惡感搏鬥。

另外，因衝突留下的未竟之事，也會使悲傷趨於複雜。對南茜來說就是如此。在二〇〇一年九月十一日上午，南茜和她丈夫為了家庭開銷發生了嚴重爭執。在吵架後，他們經常會以簡訊、電子郵件或電話向對方道歉。但不幸的是，在當天他們還未能聯絡到彼此之前，她丈夫便不幸罹難。

而失去之前的衝突史，或是持續一輩子的虐待、衝突或破壞性的關係，也會使悲傷更形複雜，即使在逝者過世前已達成某種程度的和解也是如此。

憤怒的悲傷

凱薩琳大半的婚姻時光，都在與一個酒鬼相處。在她先生過世前約六個月，他被診斷出罹患癌症和肝硬化，所以馬上戒酒，並且恢復成她剛嫁給他時的那個好男人。他們一起度過了最後的時光。

但凱薩琳仍對這樁婚姻深感憤怒，她認為如果另一半沒有虛擲這麼多光陰在她所謂的「液體愛人」上，他們原本可以有很美好的婚姻生活。在他過世後，這種憤怒的想法持續困擾著她。

衝突和矛盾在人際關係中可能有根深柢固的根源。如果你在成長過程中和父母有著安全的依附關係，你就會有被重視的感覺和積極的自我意識，你也可能會與他人建立安全的關係。當你哀悼逝者時，你不太可能會有矛盾的心理，你的悲傷也不太可能很複雜。然而，如果你的父母無法提供有效的依附關係，你或許會有不安全的依戀方式，並且可能形成高度矛盾或依賴的關係，甚至很難與他人建立連結。在這種情況下，憤怒和內疚可能會非常強烈，導致你的悲傷摻雜了五味雜陳的情緒。

當然，年齡也會影響失落感的輕重程度。例如，失怙或失恃的幼子可能無法完全了解死亡的概念，但是當主要的照顧者過世時，他們的日常活動會出現劇烈的變化，進而嚴重影響他們的生活。青少年可能發現，他們的悲傷因為剛萌生的獨立、尋求身分，以及尋求親密關係而變得複雜。失怙或失恃的成人則可能發現，他們失去了重要的支持、知己、徵詢意見者或是朋友。例如，琳達就非常需要她母親生前所提供的各種建議，不論是關於下廚，或是處理她孩子的問題。

Q3：「失去是如何發生的？」

「事發當時，我人在哪裡？」在某些情況下，如果某人在離你遙遠的地方過世，你可能更難接受對方已離世的事實。此外，失去所發生的場合也會影響你的悲傷程度。

哈莉罹患骨癌的女兒離世時，哈莉正把她抱在懷裡輕搖。但她丈夫傑夫在急著要趕往醫院的途中，卻塞在車陣裡。哈莉因為和女兒在一起，悲傷因而獲得緩解；但傑夫因為緊張、焦慮、沮喪，以及錯過他女兒的臨終時刻，他的悲傷變得更複雜了。

Q4：「這個噩耗是突如其來，還是在預料之中？」

有時這是很難回答的問題。即使某人已罹患重病多時，當死神真的降臨時，我們仍可能難以接受。

但有時猝逝也不會被視為是出乎意料之外，而是其來有自的。例如，安的兒子菲利浦因為使用藥物過量而過世。他對抗用藥成癮已有好長一段時間，時而戒除，時而復發。當警察上門告訴她，菲利浦已經死亡時，她說她早就料到這件事總有一天會發生。

但整體而言，頓失親人泰半令人意外和震驚，讓你深刻感受到與逝者間還有未竟事務尚待完成，像是覺得有一些該說而未說的話、一直想做而未做的事，或是後悔曾說了或做了些什麼。也可能會讓你經常苦惱假設性的事情，不斷揣想「如果……會怎麼樣」，像是：「如果她沒有搭那輛車呢？」「如果我們那晚沒有出去呢？」「如果他去上學校呢？」

如果你目睹慘痛的意外事故，可能會產生創傷後壓力症候群（PTSD），症狀包括反覆出現揮之不去和令人不安的回憶、惡夢，或是情境再現，這時應該由心理健康專業人員來評估和治療。即使你沒有親眼目睹這個事件，也可能會被你想像中的影像和幻想所困擾。

此外，不論是意外、自殺或謀殺，每一種程度強烈的失去都有獨特的複雜因素，其中可能夾雜著內疚、憤怒和自責，也可能有法律的糾葛，例如警方調查、刑事案件，或是漫長且結果令人不滿的民事訴訟，這些也會讓我們悲傷時更心力交瘁。

久病之後的預期死亡也令人陷入兩難的抉擇。隨著病情加重，我們會發現自己因為長期照護的壓力而喘不過氣來，一方面希望這種情況結束，一方面又希望能永遠停留在這一刻，期待病人會康復。當死亡真的來臨時，我們的其中一種反應可能是如釋重負，而這也可能讓人產生內疚和困惑。

有些因素也可能使我們與逝者的關係更加複雜。人們可能因為疾病使得容貌改變或變得形銷骨立，使人望之生畏，不敢靠近，這會增加矛盾和複雜的悲傷。像是當彼德因為肝癌而瀕死之際，他發黃又憔悴的外表嚇壞了他六歲的兒子湯米，湯米不敢擁抱或甚至碰觸他父親。現在湯米已經十幾歲了，當時驚恐的感受他仍記憶猶新。

最後，在長期臥病期間，我們可能還必須做出合乎道德的決定，例如繼續治療、施打營養針，還是要放棄治療。日後當我們重新審視這些決定時，或許會使悲傷情緒更加錯綜複雜。

有些失去則可能並不明確，也就是我們無法確知到底發生了什麼事，甚至也不確定某人是生是死。像是在九一一恐攻事件中，有些人是顧問，經常到雙子星大樓洽公，但他們的配偶並不確定另一半當天是否在那裡，只知道他們永遠不會再回來了。又或像是芭芭拉已經有兩年多沒有聽到他罹患精神病的兒子的消息了，最後一次得知訊息，是他遠在一千哩外的某個城市四處遊蕩，無家可歸。她完全不知道他是生是死，只知道他失蹤了。

有些失去則不具備所謂的「正當性」，亦即不被他人認可，未被公開承認，又或獲得社會支持。例如，或許沒有什麼朋友可以讓我們傾吐失去婚外情伴侶的心情。另外像是心愛的人自殺或是被謀殺身亡等帶來的失去，可能令人覺得羞於讓人對外尋求支援，又或是別人不願對我們伸出援手。失去是否能受到認可，一定會影響你的悲傷。

Q5：「失去是單一事件，還是接踵而至？」

為單一的失去感到悲傷已經很難熬了，若要處理多重失去就更複雜了。有時候這些失去可能是接二連三相繼發生，當人們年紀變大時，通常就會面臨這種情況，我們可能會在短時間內，接連處理配偶、手足和摯友的辭世事宜。

有位較年長的女性告訴我：「每當我覺得事情漸入佳境時，就有人離開人世。先是我姐姐，接著是我丈夫，現在輪到我最好的朋友。」

有時候，多重失去可能同時發生。曼尼的妻子和女兒就在一場車禍中不幸同時喪命。另外，莉塔的母親因為家中失火而喪生，莉塔不僅失去母親，也失去她過往的許多紀念物品。

雖然年長者比較可能經歷多重失去，但是天災、恐攻或戰爭等其他情況，也可能導致人們在人生中任何時候經歷這類失去。在愛滋病流行初期，人們也曾經歷許多同儕的死亡，而且通常是在青壯年時期。

Q6：「我該如何面對失落？」

你是什麼樣的人，也會影響你悲傷的方式。如果你之前有任何精神健康的問題，例如嚴重的焦慮或憂鬱症，你可能就特別脆弱，因為悲傷會使舊疾復發。

你過去的人生和家族史也會影響你的悲傷方式，家族會形塑悲傷模式。因為我們學會如何表達悲傷的方式，有一部分是藉由觀察其他的家族成員如何面對失去。在某些家庭中，並不會處理這方面的事，於是家中成員學會不令其他人煩心，不讓人知道自己的感覺和反應，只是暗自神傷。

某些重大的失去，即使是發生在數代之前，仍會嚴重影響家庭動態。例如，莉比不知道為什麼她母親對她總是顯得很冷淡，直到她明白，她母親與自己母親（莉比的外祖母）的互動也很類似。莉比的治療師建議她做一項家系圖（genogram），亦即某種追溯數代家族成員互動的家譜練習。結果顯示，她的外曾祖母第一個孩子在出世不久後便夭折了。她是從其他家族成員那裡得知此事，但外曾祖母從未向其他的孩子提及，然而這件事仍然深深影響了親子間的互動，而且持續反覆困擾這個家庭。

另外還有「預期」的問題。在我們一生中的任何時候，都可能預期會發生特定的失去。當這些失去「不按順序」發生時，我們便會將之視為創傷。例如，我們根本不會料想到在童年會失去父親或母親，這種失去動搖了我們對世界的假設，讓世界顯得不太安全，而且可能使我們對各種關係產生不信任感，進而削弱我們與他人建立密切關係的能力。即使我們早已料到父母會在我們步入中年或晚年時過世，這樣的失去仍可能使我們更加意識到自己終將歸於塵土，並感嘆生命的短暫與脆弱。

強化心理韌性

韌性較強的悲傷者，能妥善因應生活上的挫折和挑戰，會面臨的失落感或壓力相對就比較少。

具有復原力的悲傷者有下面幾項特質。

一、他們的失去並非突然發生，他們會有機會向逝者道別，經歷死亡或失去的時間也不會長到使道德倫理問題、照護壓力或是矛盾心理變得複雜。

二、他們往往具備內在靈性、心理健康，也有樂觀的心態，面對挑戰時總是相信，即使碰到最糟糕的事情，也能從中學習和成長。

三、他們擁有能給予高度支持的家人，並擁有親密的關係。如果真的發生衝突，也能立刻解決。又或他們是在會把不開心的事情說開的家庭中成長，家人間可能會爭吵，有時還吵得很激烈，但彼此也可以容忍意見分歧，這種家庭的特性是具有高度凝聚性和情感表現力。

韌性也與你相信自己是否能掌控人生有關。如果你認為自己對於人生沒有太多掌控權，事情就是會發生，沒有解決之道，你就會持續沉溺在悲傷中的負面經驗和情緒，而非主動解決問題。過度反芻負面結果和憂鬱症有關，所以你應該找心理諮商師或醫師解決這個問題。

有些文化鼓勵公開表達悲傷，但有些文化則偏好將情感藏在心裡。我來自多元的文化傳統，我父親是匈牙利新教徒，這群人在重視斯多葛禁欲主義的哈布斯堡匈牙利（Habsburg Hungary）中，有時是受到迫害的族群；我母親的家族則是西班牙裔。我記得在童年時期，西班牙裔的舅舅在家族喪禮中會擁抱我，鼓勵我不要把情緒藏在心裡，要表現出來。我父親的兄弟們則是充滿男子氣概地揑揑我的肩膀，告誡我要「堅強」。

信念、儀式和信仰會增強你的失落感，又或是使它更複雜。信念可以撫慰你，或許向你保證，逝者在來生是安全的、他已擺脫了所有的痛苦，又或是留下讓人緬懷的遺風。但是當羅素的兒子自殺身亡時，他擔心兒子會遭到永遠的詛咒。一位符合羅素信仰傳統又具有同理心的牧師，協助他對抗那種毀滅性的想法，找出顯示參孫（Samson）得救的聖經經文，即使這位《舊約聖經》裡的領袖後來仍是自殺身亡。

當其他人分擔我們的悲傷、主動伸出援手時，要因應悲傷就比較容易。人們若是從親朋好友、工作、信仰團體等獲得支援，可能會比缺乏這類支持的人們更能妥善應付悲傷。

悲傷過後，練習如何好好活下去

應對悲傷包括兩個截然不同的過程。首先，我們必須面對並哀悼失去。其次，我們也必須學會在面臨這種失去時繼續過日子。我們可能必須學習新技能並且展開新的人生路程，現在人生已經不同。

成功的悲傷者會在哀傷和合宜應對之間游移，悲傷的感覺通常是時好時壞反覆來去。雪妮絲就是個典型的例子。在某次會談中，她曾很自豪之前自己解決了汽車故障的問題，而且現在也能判斷一些車子的基本問題，以及與修車廠議價。但是當她下週回來見我時，她說如果她丈夫還在世，她絕不必去處理這種問題。這種於悲傷中來回往返的狀況，其實是正常和健康的。只專注於過去，可能導致長期或永無止境的悲傷；若只專注於未來，則可能延遲或抑制悲傷。

一、六到八週後，才是考驗的開始

先前，我們提到悲傷就像雲霄飛車，充滿了高低起伏。你的旅程可能從貌似輕鬆開始，你會接到慰問者的卡片、電話和信件，但當這些支持逐漸隨著時間流逝而淡去時，你就得獨自面對失落和哀傷。

剛面對悲傷時，你可能會鼓勵自己要打起精神，恢復元氣，然而等過了一陣子，震驚、支持和忙碌逐漸遠離，你稍能喘息得空時，許多人就會感受到失落感排山倒海而來的強大威力。通常在失去的六到八週後，你會覺得比初期的情況更糟。這是正常的悲傷軌跡。

許多因素都會刺激記憶，包括味道、歌曲或相片，進而引發強烈的悲傷。讀到和你情況類似的失去故事，或是看到熟悉的車子或衣服等物品，又或是在分享與逝者相關的經驗時，都可能使你悲從中來。

一觸即發的憂傷

約西亞在參加一場非正式籃球賽時，想到了他哥哥，他們以前常一起打籃球。退休、畢業或婚禮等人生階段性的儀式，也可能喚起記憶和悲傷感。碰到個人危機，更可能會讓我們渴望逝者在身邊。

莉涅特發覺自己煩惱著即將到來的四十七歲生日。在接受諮商時，她想到母親是在去年過世的，於是她意識到自己是因為母親從此無法參與她的生活而感到焦慮。這個例子也顯示，悲傷湧現並沒有時間表，它們甚至可能在失去多年之後才發生。

有時，你也可能不知道為什麼今天比其他時候更難過。剛經歷喪女之痛的塔德告訴他的悲傷諮商師，他早上醒來時還覺得很好，但他一發動車子後，心情就跌落谷底。諮商師和他討論了好一會兒，也無法找出原因。等塔德回家時，才恍然了解到底是怎麼一回事：他停好車，就聞到了紫丁香的香味，而他女兒最喜歡的香水就帶有紫丁香的味道。

二、觸景傷情的節日該如何過？

在悲傷之旅中，某些時候會很艱辛，例如在重要的日子，像是節日、生日、週年紀念，又或是第一次約會，或是求婚的日子。我們可能也會記起病情急轉直下的那天、逝者過世那天，以及喪禮那天。

這時，我們會很懊惱，當我們自認為心情已經平復時，結果一切又回到原點，甚至感覺更糟。畢竟，我們原以為自己已經好不容易熬過了這一年。

如何度過節日或紀念日，事先做好規劃是很重要的。但這並不表示你需要花很多時間來擬定節日大餐的菜單，或是準備精美的禮物或卡片，而是你需要計畫「如何度過節日」。

在充滿壓力的節日中，你很容易就把決定權交給那些關心你的好心人，例如不接受你拒絕他們的兄弟姊妹或親戚。結果，你發現自己被眾人的意見推著走，參加會令人精神緊繃、疲倦，或根本不符合你需求的活動。

要避免這種情況，你首先要做的就是做出選擇。仔細想想，你真正想做的事情是什麼？有哪些事你一定得做？哪些事情其實不需要做，或至少今年可以不用做？將這些事情按優先順序處理。比如，你可能會決定，今年你不會寄卡片，或是主辦大型晚宴。

對於你決定去做的事，就要找到完成它們的最佳方法。比方說，如果你決定送禮物，就要考慮具體可行的做法，像是在網路上或透過郵購型錄購物，或是和朋友一起去採購。

還有最重要的是：你想要和誰共度假期？感到悲傷時，誰能陪在你身邊？誰能容忍和了解你可能不是他們平常看到的樣子？

有時候，面臨這些抉擇時最好的方式就是不做選擇，保留開放的機動性，因為節日可能很難捱而且無法預料。像是安就事先決定，在先生忌日那天早上，她會和已故丈夫的家人共度一段時間，但當天還要做什麼，屆時再視狀況而定。你也可以保留一些彈性和自由，像是大衛就決定自己開車，這樣他才能夠在想離開時就離開，而不用得等搭別人的便車才能一起走。

一旦你做出選擇（choice），就對他人表明（communicate）自己的決定，同時也聽取他人的意見，這樣做可以使你的節日計畫增加第三個C，亦即妥協（compromise）。例如伊莎貝拉在母親過世後的第一個母親節，無心過節，但她了解，她的孩子和孫子需要向她表達心意，在他們的外婆過世後尤其如此。

儀式有時或許幫得上忙。我小時候，我們過母親節和父親節時有一些慣例，其中一項是由我父母在他們的父母墳上放一束花。之後，我們會辦個家族聚會頌揚父母，這是一種可以協助我們處理失去的有效方式：一方面回顧我們失去了什麼，一方面也展望現在和未來。

過節日沒有所謂的正確方法，雖然對某些人而言，節日很難過又充滿壓力，但有些人也可能會藉由能轉移注意力的事物，在繁忙的活動中找到慰藉。像是與家人團聚可以化解孤獨，分享回憶和懷舊也能撫慰人心。我母親說，在我父親過世後的第一個耶誕節，她發現與家人分享我父親的故事，使她覺得跟他更親近，並確信她的孩子和孫子們一定會記得他，這點令她「出乎意料地感到欣慰」。

三、學習展開新生活

對許多人而言，悲傷之旅是終身的歷程，我們一生中都將與失去共存。但這並不表示，我們會永遠生活在痛苦的狀態；相反地，我們會學會接納失落感，將之融入我們的餘生中，失去的痛苦也會逐漸減輕。

對某些人而言，那可能發生在頭一年；有些人則是第二年可能和第一年一樣難熬，但在一段時間後，可以重回生活常軌，有時甚至可以過得更好。有時，在人生中的不同時間點，甚至在一天中的不同時刻，當你回憶逝者時，仍會感受到強烈的悲傷。

悲傷治療師、作家和凱瑟琳・桑德斯（Catherine Sanders）博士的悲傷過程就是如此。對喪子的她而言，初期過得非常痛苦。在稍後的階段，痛苦仍在，但是程度減弱了。又過了一陣子，失親者或許能在工作和家庭上扮演好自己的角色，只是一開始會覺得自己只是裝裝樣子，內心並沒有感受到任何真正的喜樂或歡愉。

許多和桑德斯面談的喪親者談到轉捩點，他們說是因為了解到自己長期生活在哀傷中，對逝者既沒有幫助，也不是有用的遺緒。就如同一位母親所說的：「我要學會該如何繼續活下去。」

悲傷的強烈痛苦不會永遠存在，但悲傷也不是你能忘懷的事情，它是一個過程，之後將會成為饒富意義的新生活的一部分。

面對悲傷的五大任務

在你悲傷時，你需要完成五個重大的任務。有些人擅長解決某些問題，有人則需要別人的協助。無論如何，你都是以自己獨特的方式處理這些任務，並且在自認為合適的時機加以完成。

一、承認失去

起初，悲傷顯得不真實，感覺像是你希望醒來的噩夢。你期望逝者能復活，但是當你與人聊到你的傷悲，並且參加悼念儀式時，你會開始接受這個難以接受的事實。

而與裁員、離婚，或是不被承認，又或無法公開的失去，情況可能會更複雜，因為這類失去往往給人負面印象，使人很難與知己密友以外的人討論它，而且也沒有所謂的「安慰儀式」。

二、應付失去的痛苦

你也必須處理失去的痛苦，並且因應錯綜複雜的感覺與反應。在第二章，我們探索了悲傷時可能經歷的許多情緒反應，你應該採取三項行動來處理情緒。

- 首先，你要識別正經歷的情緒，例如是生氣、內疚、悲傷或其他情緒。
- 其次，你要面對這些情緒，這些反應大多是悲傷的正常表現，認清這項簡單的事實，有助於處理這些情緒。
- 最後，你需要探索這些情緒：讓你憤怒或內疚的原因是什麼？你對這種感覺能做些什麼，或是如何處理？

你也可能有尚未完成的事情，亦即你希望做過或說過，或是後悔做過或說過的事。艾德琳和她丈夫結婚多年，相處並不融洽，只有在治療的幾年後，艾德琳才寫了一封信給她的丈夫，讓她有一種原諒對方和接受對方原諒的感覺。

親人的不幸，卻是我的幸運？從悲劇中獲益的矛盾

在許多情緒中，矛盾心理可能格外複雜。然而矛盾是任何親密關係中自然且正常的部分，有時我們所愛之人也會令我們生氣和困擾。珍與她十來歲的兒子馬蒂就是典型的例子。

馬蒂就像大多數青少年一樣，有時候會對珍的威權式管教非常生氣，而珍也曾坦承：「我一直很愛他，但有時候我並不喜歡他。」

當馬蒂車禍身亡時，珍控告肇事駕駛，因為車禍發生時，那位駕駛正用手機傳訊息，完全沒有注意到交通號誌，結果車子猛力衝撞馬蒂的座位。後來，陪審團判賠給珍一大筆賠償金。

這筆賠償金紓解了珍的貸款壓力，但珍對於官司結果感到五味雜陳。雖然她認為的正義獲得伸張，但自己居然會因為這樁悲劇事件而獲益。

你也可能曾因為某人的過世而獲得大筆遺產或法律賠償金。雖然許多家庭可能認為這種補償是他們應得的，但他們也可能對從這種悲劇事件中獲利而深感不安。

三、學習自己過生活

每當你經歷失去，你的生活就會改變。雖然有時這些改變並不大，你會感到悲傷，但你生活中的日常模式仍然不變。我母親過世時，我非常想念她，很多時候，我希望還能打電話給她，聊聊天，或者只是打個招呼。除此之外，我的日常生活並沒有太大變化。

但在某些情況下，如果你失去與你生活密切相關的人，一切都會幡然改變。當你進入自己並不想要或從未想過的情況時，你必須做出必要的調整，例如我們會扮演新角色、學習新技能、料理三餐、修理及保養車子，或是理財。你的生活方式、你的選擇，甚至你與他人的關係，在失去一個人之後都改變了。布萊恩在么兒過世後，就沉痛地描述這些變化：「我不僅失去兒子，也失去他的所有朋友。」喪偶者更可能發現自己的朋友圈都改變了。

其他關係也可能改變，甚至是家族關係。瓊安的丈夫過世後，她和小姑的關係仍然密切，至少直到她丈夫過世的隔年仍是如此。在那一年她開始再度約會，從那時起，她的小姑就開始變得比較冷漠和疏離。

曾就悲傷進行論述的哲學家湯瑪斯・艾提格（Thomas Attig）博士認為，悲傷就是「重新認識這個世界」。因為你曾經熟悉的世界可能變得陌生，你必須重新學習之前輕忽的技能，盡你曾經疏忽的義務，或是在你從未接觸過的新領域學習知識。而且最重要的是，你現在必須學習在沒有逝者的世界中重新活下去。

你的悲傷，我懂

留心自己在悲傷後產生的身心變化，別讓它們把你吞沒。從你面臨重大失去的那一刻，可能就無法清楚思考並做出立即的反應。你已經很緊繃了，快速的變化更可能讓你壓力倍增。此外，你的壓力也可能會嚇跑想支持你的那些人，包括親朋好友，以及鄰居或同事。

多年前，我曾在乾洗店看到一名女性顧客因為有件送洗的衣物尚未處理好，因而情緒崩潰，大吼大叫。老闆極有耐心地回應那位不理性的客人，我對他溫和有禮的態度覺得很感動。等對方離開後，他向在場的其他顧客致歉，並解釋說，那位女子平日是很和善的，但因為最近她女兒過世，所以她才會情緒失控。

雖然悲傷沒有規則，但你在經歷重大失去後的半年到一年間，應該盡量避免做出任何重大的改變。有時候，臨時機動或具有彈性的解決方案會讓人有時間進行更慎重的考量。例如詹姆士在妻子往生時，他覺得工作對他而言似乎不再具有挑戰性和成就感，所以他考慮退休，但後來他決定還是暫緩，先放自己一段長假再說。結果等休假結束後，他便急於重返工作崗位，也很懷念職場的一切。

調適因為改變而產生的壓力是很重要的，你需要妥善的自我照顧，包括充足的睡眠、良好的營養和運動，讓你能夠處理所經歷的壓力。然而，在面臨失去一段時間後，你的精力有限，可能無法完成所有想做的事，因此你也可以請他人協助，或是將得立即完成的工作往後推遲。最後，你可以做有助於抗壓、因應困境的任何事情，例如呼吸練習、聽音樂、禱告、冥想、在林間散步等。

當你經歷失去並重新適應生活時，在這段悲傷旅程中標記和確認你曾進行的步驟，將會對你有所助益。每當艾德琳發現她在悲傷旅程中進展到不同的階段，例如工作屆滿一年，或是第一次單獨旅行等，她覺得舉行一個小型的儀式來紀念此事是很有療癒作用的。

你可以像這樣，藉此評估自己對現在已改變的生活應付的程度。哪些改變開始變得困難？哪些事情正困擾你？你對哪些改變能處理得宜？

該是你堅強獨立的時候了

想辦法解決生活上的問題也很重要。你需要積極主動，不要讓自己坐困愁城。

例如，賈姬擔心自己可能無法打理她丈夫生前最愛的花園，所以就僱用一位青少年的鄰居幫忙整理院子和鏟雪。

又如喪偶的黛博拉表示她擔心即將來臨的夏天，因為她不知道已過世的丈夫把冷氣機放在哪裡。她患有氣喘病，這種病在悶熱潮溼的天氣中會更嚴重。我和她一起想解決的方法。我問黛博拉，她丈夫之前是否曾找人幫忙裝冷氣，於是她想起某位鄰居的青少年兒子過去幾年一直都協助他。後來，她聯絡上這個男孩，他知道冷氣機放在哪，於是她付錢請他和他朋友安裝冷氣機，問題便迎刃而解。

四、與逝者保有連結

在做悲傷諮詢時，我會請我的個案留意，在未來某些特定的時間點，例如婚禮、生日或畢業典禮等，可能會感覺到強烈的悲傷。事先預知自己會產生激烈的情緒波動，或許不會讓那些時刻比較好過，但至少在事情發生時你比較不會手足無措。

悲傷的任務之一，是好好面對失去，決定該如何繼續生活，並且尊重你對那個人的回憶以及與之的關聯。你不必緊抓住悲傷，以為自己如果不再傷悲，對於對方的懷念與記憶就會逐漸消失。你喜愛和依戀的人仍是你生活中的一部分。如果只是生離而非死別，例如離婚，你們可能會繼續聯絡，不管彼此的關係是尷尬或是友好。你甚至在對方死後還會保有連結，例如你可能會夢到對方，或在你心中會永留曾與對方共度的美好回憶，又或是與之有地位或財產層面的任何連結。

以我為例，儘管我年紀已經不小，職業是專業而權威的諮商師，但是對家人和某些朋友來說，我永遠還是「小弟」。

事實上，隨著悲傷的強烈痛苦逐漸消退，我們通常能重溫那些記憶，沉湎於分享的時刻。但在某些情況，我們可能必須努力恢復那些記憶，尤其當某人因久病不癒或是長久失智而離世時更是如此，因為生病的記憶可能會排擠之前的往事。

用物品轉化，留下逝者的愛

許多安寧療護或悲傷計畫，會為經歷失去的孩子提供夏令營，教他們製作回憶盒、相簿、拼貼畫和剪貼簿。這對於成年人也是有用的療癒方式。

像是黛博拉的丈夫死於令人虛弱消瘦的長期疾病，她對丈夫最後的回憶，是漫長、艱辛的看護期，以及他如骷髏般的外表。後來黛博拉決定做一本珍藏兩人昔日美好時光的相簿，裡面永遠留存丈夫未生病前的英挺身影。在令人憂鬱的寒冷雨夜裡，黛博拉也喜歡穿著她丈夫的舊法蘭絨襯衫。

像我自己也珍藏著父親的手錶，那是他退休時公司贈送的禮物，它讓我想起他對工作以及對所有人的忠誠。我母親過世後，我則保留了曾經送她的禮物：一個母親抱著孩子的小雕像。它讓我想起她對全家人的悉心照護與關懷。

對某些人來說，紀念物可能是一首歌或是符號，它甚至可能會令人聯想到死亡的那一刻。當艾爾被告知，他唯一的手足、他鍾愛的妹妹去世時，電台正在播放〈堅持下去，史露比〉（Hang On Sloopy）這首歌。對艾爾來說，那就像是他妹妹傳來的訊息：即使在悲痛逾恆的艱困時刻，我們都要堅持下去。

五、重建你的信仰與生命哲學

在第二章，我們曾提到，失去可能會挑戰我們人生的所有信念與想法。「我現在該相信什麼？」當戴米恩看到他的年輕妻子因癌症過世時，就對此深感疑惑。他想知道為什麼世界看起來如此無常和不公。

事實上，信仰、哲學、信念和儀式會是支持的重要來源。問問自己：「我的信仰或生命哲學在悲傷時是如何和我對話的？」這個問題會對你有所幫助。

但有時候，對於那個問題，你找不到任何答案，而且信仰會受到嚴重挑戰。你會覺得「世界怎麼會是公平的，上帝怎麼會是正義之神，竟然讓這種可怕的事發生？」或者，你只是覺得你的信仰似乎背棄你了。

在悲傷時，你可能犯下的最大錯誤之一，就是遠離你的信仰。事實上，你應該反其道而行，在你的信仰團體中和人談談你的困惑與搏鬥，團體成員可以聆聽你的想法，分享他們的經驗，和你一起前進。只是，有時候你可能必須努力搜尋才能夠發現那些人。

當茱迪的兒子離世時，茱迪試著和她的牧師吐露自己的問題和衝突，但牧師似乎無法理解她的掙扎，只是提出老生常談和空洞的安慰。於是茱迪找到另一位牧師，這位牧師願意就她的疑慮進行更認真的討論。後來茱迪發現，在他們共同奮鬥之際，她的信仰也隨之增強。

此外，在心靈層面則是保有紀律，不論那項紀律是祈禱、冥想、儀式或閱讀，這些全都是能與自己的信念或信仰保有連結的方式，每一項靈性傳統和每一種哲學也都有針對遭逢死亡與失去的相關論述與著作。

第四章

悲傷沒有比較級

悲傷有四種主要模式：感性的悲傷、理性的悲傷、感性與理性混合的悲傷，以及感性與理性拉鋸的悲傷。有人可能同時擁有兩種悲傷模式，但大多數悲傷者是「感性多於理性」或是「理性多於感性」。你也可能會在不同的時間點對失去產生不同的反應，例如，你早年的悲傷可能是「偏向理性」，在多年後變成「偏向感性」。

這些悲傷的模式並無好壞之分，但可以協助你辨識哪些應對悲傷的方法對你有益，以及在和你不同模式的人相處時，你們之間可能產生的問題。

這些模式也往往和你應對失去以及因應人生低潮的方式一致。比方說，如果你對於大部分的危機都具有強烈的情緒反應，那麼面對重大的失去時，你可能也會有同樣的反應。

悲傷測驗：你是理性還是感性的悲傷類型？

請做以下的測驗，選出過去兩週內最符合你狀況的答案，可以測試出你的悲傷風格是屬於哪個種類。

答案

A＝一向
U＝通常
S＝有時
R＝很少
N＝從不

題目

1. A U S R N 我比我認識的大多數人都情緒化。

2. A U S R N 我很容易哭泣，也會對別人表達自己的感受。

3. A U S R N 即使我回到生活常軌，我仍然對自己的失去有強烈和痛苦的感覺。

4. A U S R N 即使我想哭，也不會在別人面前掉淚。

5. A U S R N 雖然我以自己的方式表達悲傷，但別人可能會認為我很冷酷無情。

6. A U S R N 我看起來不像我認識的大多數人那樣沮喪。

7. A U S R N 我會因為悲傷而不知所措。

8. A U S R N 我很感激其他人鼓勵我要向他們傾訴我的痛苦。

9. A U S R N 我會避免太情緒化或是流露任何情感。

10. A U S R N 我覺得讓別人認為我的情況在掌控中是很重要的。

11. A U S R N 別人告訴我，我是在逃避悲傷，即使我覺得自己並非如此。

12. A U S R N 我靠喝酒或藥物來克制痛苦的情緒。

13. A U S R N 我認為喪親者支持性團體對我（可能）很有幫助。

14. A U S R N 我擔心自己對失去不夠難過，我對自己沒有表現出更強烈的情緒懷有罪惡感。

15. A U S R N 我不想刻意表現出我沒有的感受。

16. A U S R N 對於我的失去與憂傷，我比較會去「思考」，而非「感受」。

17. A U S R N 我認為察覺和接受自己現在的感覺是很重要的。

18. A U S R N 我發現解決與我失去或傷痛相關的問題對我有幫助。

19. A U S R N 雖然我有時可以控制自己的痛苦，但那些感覺常會再度出現，讓我不知所措。

20. A U S R N 其實我飽受失去之苦，我只是在大多數人面前假裝堅強。

21. A U S R N 我發現即使把心思轉移到其他事情上，也無法停止悲傷。

22. A U S R N 我曾經採取慎重的行動來紀念我所愛之人，即使我不像大多數人那樣難過。

23. A U S R N 其他人對我尚未從失去中平復傷痛，似乎感到很驚訝。

24. A U S R N 雖然在所愛之人過世後，我馬上處理好一切事情，但是當我終於「崩潰」並開始出現強烈和痛苦的感受時，連我自己都覺得驚訝。

25. A U S R N 我認為自己的理性多於感性。

26. A U S R N 當我感到難過或悲傷時，我不喜歡表現出來，因為怕別人說我軟弱。

27. A U S R N 我通常不會透過談論煩心事來紓解痛苦。

28. A U S R N 我可以輕易用言語來描述自身的感受，並且與他人討論這些感覺。

29. A U S R N 當有人問我「你覺得如何？」時，我跟他們說的通常不是我真正的感受。（例如我會回答：「還好。」）

30. A U S R N 我覺得一開始就先談論自己並未感受到的那些感覺，是沒有意義的。

解析

1. 我比我認識的大多數人更情緒化。

↓這顯示你習慣選擇「感覺」而非「思考」。

• 正面＝直覺型

2. 我很容易哭泣，也會對別人表達自己的感受。

↓願意表達內心感受的意願，這與直覺模式有關。

• 正面＝直覺型

3. 即使我回到生活常軌，我仍然對自己的失去有強烈和痛苦的感覺。

● 正面＝直覺型

4. 即使我想哭，也不會在別人面前掉淚。

↓ 若答案為肯定或傾向肯定，代表回答者的感受與行為之間往往是不一致的。這種情況可能包括那些沒有其他方式來表達他們感受的工具型悲傷者。[1]

● 正面＝不一致

5. 雖然我以自己的方式表達悲傷，但別人可能會認為我很冷酷無情。

↓ 理性的悲傷者常被認為缺乏感情。

● 正面＝工具型

6. 我看起來不像我認識的大多數人那樣沮喪。

● 正面＝工具型

7. 我因為悲傷而不知所措。

● 正面＝直覺型

8. 我很感激其他人鼓勵我要向他們傾訴我的痛苦。

↓雖然這可以評估悲傷者是否較關注自己的內心狀態、更懂得自我覺察，但這也很可能是直覺型悲傷的一種表現方式。

• 正面＝直覺型

9. **我會避免太情緒化或是流露任何情感。**

↓工具型悲傷者很少會讓自己處於會引發情緒和表達內心感受的情況。

• 正面＝工具型

10. **我覺得讓別人認為我的情況在掌控中是很重要的。**

↓對於面對失去或創傷後可能會在意外在形象的直覺型悲傷者來說，這點特別重要。

• 正面＝不一致

11. **別人告訴我，我是在逃避悲傷，即使我覺得自己並非如此。**

• 正面＝工具型

1 編註：這種說法始於泰瑞．馬丁（Terry Martin）博士和我針對悲傷的性別差異所做的研究。我們發現與性別相關，但並非真由性別決定的各種應對失去的方式。我們最初將這些方式稱為「直覺型」、「工具型」、「不一致」和「混合型」。之後，奧瑞岡應用科學中心（Oregon Center for Applied Science）加以修正並應用於他們的員工協助方案中，他們使用更容易理解的詞彙，如「理性」（head）和「感性」（heart），而這種調整後的說法也使這些悲傷模式或悲傷風格概念更加清晰。

12. 我靠喝酒或藥物來克制痛苦的情緒。

- 正面＝不一致

13. 我認為喪親者支持性團體對我（可能）很有幫助。

- 正面＝直覺型

14. 我擔心自己對失去不夠難過，我對自己沒有表現更強烈的情緒懷有罪惡感。

↓懊悔的工具型悲傷者常會因為自己沒有表現出痛苦而有罪惡感。

- 正面＝不一致

15. 我不想刻意表現出我沒有的感受。

- 正面＝工具型

16. 對於我的失去與憂傷，我比較會去「思考」，而非「感受」。

- 正面＝工具型

17. 我認為察覺和接受自己現在的感覺是很重要的。

- 正面＝直覺型

18. 我發現解決與我失去或傷痛相關的問題對我有幫助。

● 正面＝工具型

19. 雖然我有時可以控制自己的痛苦，但那些感覺通常會再度出現，讓我不知所措。

● 正面＝直覺型

20. 其實我飽受失去之苦，我只是在大多數人面前假裝堅強。

● 正面＝不一致

21. 我發現即使把心思轉移到其他事情上，也無法停止悲傷。

● 正面＝直覺型

22. 我曾經採取慎重的行動來紀念我所愛之人，即使我不像大多數人那樣難過。

● 正面＝直覺型

23. 其他人對我尚未從失去中平復傷痛，似乎感到很驚訝。

● 正面＝工具型

24. 雖然在所愛之人過世後，我馬上處理好一切事情，但是當我終於「崩潰」並開始出現強烈和痛苦的感受時，連我自己都覺得驚訝。

● 正面＝直覺型

25. 我認為自己的理性多於感性。

● 正面＝工具型

26. 當我感到難過或悲傷時，我不喜歡表現出來，因為怕別人說我軟弱。

● 正面＝不一致

27. 我通常不會透過談論煩心事來紓解自己的痛苦。

● 正面＝不一致

28. 我可以輕易用言語來描述自身的感受，並且與他人討論這些感覺。

● 正面＝直覺型

29. 當有人問我「你覺得如何？」時，我跟他們說的通常不是我真正的感受。（例如回答：「還好。」）

● 正面＝工具型

30. 我覺得一開始就先談論自己並未感受的那些感覺，是沒有意義的。

● 正面＝工具型

評分

A＝+2　U＝+1　S＝O　R＝-1　N＝-2

類型	問題	分數
直覺型（感性）的悲傷者	1，2，3，7，8，13，17，19，21，24，28	16-24 極度直覺型 11-15 中度直覺型 6-10 混合直覺型 -5-+5 混合平衡型
工具型（理性）的悲傷者	5，6，9，11，15，16，18，22，23，25，29	16-24 極度工具型 11-15 中度工具型 6-10 混合工具型 -5-+5 混合平衡型
心口不一型的悲傷者	4，10，12，14，20，26，27	每個內心感受和行為不一致的回答，都應單獨而仔細地進行評估，因為這些口是心非的回應都說明為何你會在理性與感性間產生衝突。

你如何克服傷痛？

悲傷可分成下列幾種類型，但不論你的悲傷是什麼方式，那都是你的悲傷，你需要為它負起責任。

一、感性的悲傷

如果你是在悲傷時傾向以直覺表達自身感受的人，你會比較情緒性地表達感覺和面對悲傷。你的悲傷混雜了渴望、憂傷、憤怒、罪惡、寂寞等五味雜陳的情緒。特別是在悲傷的初期，這一波波情緒可能既強烈又持久，讓你覺得很難專注或清楚思考，你會忘東忘西或是心不在焉，公私生活都變得一團亂。

你打從心底感到悲傷，變得很愛哭，任何芝麻小事都可能引發情緒反應。你可能也會變得退縮，或者藉由找周遭人的麻煩，來發洩自己的憤怒。

身為感性的悲傷者，可以透過表達和探索情緒的方式來緩解傷痛，例如寫日記、參加支持性團體或尋求諮商。

支持性團體力量大

基艾拉自從母親過世後，每天都感受到揮之不去的悲傷。即使當她看著孩子們快樂地玩耍時，一想到她母親無法看著孫兒長大成人，就感到哀痛無比。當她開始在「喪母的女兒」支持性團體中說出這些感受時，她發現自己的感受是對失落的自然反應，這也讓她自己對揮之不去的傷痛略感釋懷。

你可以從與你有類似經歷的人身上找到力量和慰藉。你也可以和知己好友分享，或是參加有類似遭遇的支持性團體。對感性悲傷者而言，向人傾訴悲傷往往會減輕傷痛。感性悲傷者多為女性，雖然有不少男性也具有這種坦誠表達自己的感情和分享感受的特性。

二、理性的悲傷

理性的悲傷是屬於工具型者，這類型的人在經歷、表達和適應悲傷時比較能自我察覺，也較為積極主動。他們相信自己所經歷的失去是挑戰而非危機，結果最終將在他們的掌控之中。

理性悲傷者當然也會對失去產生情緒化的反應，例如悲傷、焦慮、寂寞和渴望，但可能不會哭泣，甚至覺得不需要哭泣。比起悲傷，他們更容易感到憤怒，因為藉著生氣發怒，就不會覺得對其他情緒正失去掌控力。

理性悲傷者可能找不到對自己有幫助的支持性團體，特別是那些強調要分享彼此感受的團體。雖然這些人可能會因為自己缺乏強烈的情緒反應而讓別人感到困惑，但還不至於會讓人覺得不舒服。

這些人的交友圈在遭逢傷痛後仍保持不變。別人會發現，你不會因為情緒失控而把想安慰你的人嚇跑，也不像一些感性悲傷者需要較多關懷，所以朋友們仍會邀請你一起聚餐或參加活動。

但悲傷還是需要出口。如果你是理性悲傷者，盡快重返工作崗位會很有幫助，熟悉的活動和工作節奏可以讓你將注意力從悲傷轉向他處。

你也可以針對你的悲傷「對症下藥」，找到適合自己的方法療傷。例如，在我父親過世後，有時我會打開廣播，收聽一個專門播放老歌的電台，裡面有些是他生前最愛的歌曲，那些音樂會讓我陷入溫馨的回憶中。又或者，你可以選擇屬於你自己的紀念方式，例如我有位喜歡雕刻的同事，在他兒子出生不久就不幸夭折後，他透過雕刻紀念石像來抒發內心的傷痛。

有些人還會投入防止酒駕或是募款等公益活動。有時候，活動不一定與傷痛有直接的關聯性，而是讓你能以某種方式消耗你的情緒能量。即使你當下無法發現這樣做是否具有療癒的功能，但一旦你意識到這兩者的關聯性，就會知道的確有幫助。

利用認知行為療法、閱讀關於悲傷與自我療癒的自助書，又或是透過創作來宣洩內心的傷悲，都會對理性的悲傷者有幫助。例如，作曲家艾力克・克萊普頓（Eric Clapton）為他意外身亡的兒子寫了一首輓歌〈淚灑天堂〉（Tears in Heaven），而約翰・加薩（John Gunther）則是為紀念他抗癌失敗的兒子強尼（Johnny）寫了《死神別驕傲》（*Death Be Not Proud*）一書。

以行動療傷止痛

湯姆就像許多男性一樣，是以理性的方式表達悲傷。但他懷疑自己究竟是否懂得如何悲傷，因為當他兒子在車禍中喪生時，他幾乎沒有哭。他經常想到他，只是他沒意識到，他對兒子不斷的想念，其實就是他面對失去的反應，也是他表達悲傷的方式。

湯姆的兒子是新手駕駛，他的車子在轉彎時失控翻覆，撞進一位鄰居家的柵欄。在他兒子舉行葬禮的同一天，他開始修理鄰居的柵欄。雖然鄰居一再要湯姆無須擔心柵欄的事，也不必修理，但湯姆仍堅持要修復。

湯姆後來告訴我，修理柵欄是他做過最有療傷效果的事。因為在那場車禍中，他能修復的就只有這件事。就像大多數的理性悲傷者一樣，湯姆藉由行動和思考來處理自己的悲傷。但他一開始並不明白這就是他表現悲傷的方式，因為他的感受無聲無息。他不知道到底哪裡出錯了，為什麼自己無法像一般人遭遇重大傷痛時一樣，表現出哀痛欲絕的情緒。

三、兼具感性與理性的悲傷

兼具感性與理性的悲傷者兼具兩種悲傷反應，且會在這兩者間來回遊走。有時似乎可以將自己的情緒暫放在一旁，但有時又為自己在感性和理性間徘徊不定而感到困惑，這會令人感到挫折。

雖然你不可能在這兩者間達到完美的平衡，但可以從感性的反應轉到偏重認知或理性的方式。

基恩就很自豪自己在伴侶過世之後並未一直沉溺於悲傷中，同時還能兼顧養家的重任。他當然還是會感到哀傷，但是「在必要的時候，我可以把情緒暫放一邊，去做該做的事情。」

這類的悲傷者可以從各種幫助中受益。支持性團體就很有幫助，尤其是如果他們尊重你在悲傷過程中所經歷的各種反應。面對席捲而來的情感和認知衝擊，你可能會感到困難重重。或許你會感到不安，因為你似乎可以把自己的情感放在一邊，也可能因為在感性和理性間不停游移轉換而感到困惑。但無論你在這種失去中感覺到什麼，都是正常的。

面對逝去的不同感受

唐恩的母親長期對抗乳癌，在照顧母親的這段期間，唐恩一直保持冷靜客觀。雖然她很悲痛，但是在應付病魔上表現得很好，甚至為自己能對母親提供協助和支持感到自豪。之後她還安排葬禮，並擬定哀悼詞。在致悼詞時，她一度悲傷落淚，但還是說了些溫馨幽默的故事。每個人都注意到她表現得有多好。

兩年後，唐恩十六歲的外甥女不幸車禍身亡，這次唐恩的反應則令家人和朋友擔心。當她接到噩耗時，她震驚到說不出話來。之後，她經常覺得混亂而迷惘，擔心自己無法照顧好兩個年幼的孩子。她在葬禮上痛哭失聲，還失控地衝出教堂。經過支持性團體的協助後，她終於能對他人表達心中的想法：原來她認為外甥女的死非常不公平，而這個天有不測風雲的世界，也開始讓她為自己的孩子感到害怕。

在感性與理性間拉鋸的悲傷

這是比較複雜的方式。你顯然是以某種非常深切的方式經歷悲傷，但基於許多原因，你對於以哀痛欲絕的方式表達悲傷感到束縛，你如何經歷悲傷和你如何表達悲傷之間存在著不協調或情緒斷層。在治療上，我們稱之為「不協調的模式（dissonant pattern）」。

你將自己的反應擱置愈久，對你造成的損失就會愈大。對於這類型悲傷者最好的建議就是：盡早處理你自己的感受，因為「長痛不如短痛」。

有時候，理性與感性拉鋸的傷痛是一種讓自己暫時適應某種困境，又或是因應他人需求的方式。像是當蒂娜的母親過世時，她覺得受到來自不同方向的力量拉扯。她父親因痛失老伴而極度絕望難過，而她的孩子也與她母親很親近，蒂娜對母親的愛就更不用說了。蒂娜覺得自己需要堅強扮演照顧孩子和她父親的角色，於是她把自己的哀傷暫放一旁，但久而久之，她的悲傷變得更強烈了，她覺得自己一天比一天還糟。

在某些情況下，這類的悲傷並不是因應情勢所產生的暫時反應，而是會持續一輩子的模式。許多男性就可能落入這種模式中，他們表達和分享感受的需求，被僵化的「男子氣概」定義所壓抑與隱藏。這種人不是真正的理性悲傷者，其實他們的情緒感受很強烈，卻覺得必須加以壓抑。

有時候反之亦然。你可能為自己過於理性的悲傷感到愧疚，覺得與自身的感受脫節，因為你的感受比較安靜而內斂。你可能不知道自己出了什麼問題，甚至會捏造情緒，假裝傷痛，好讓自己看起來「正常」一點，又或是能「融入」別人的傷痛中。更糟糕的是，還可能透過酗酒讓自己放鬆，期望能藉此導引出情感。

有毒的男子氣概

傑瑞的姐姐卡柔過世時，他哀痛欲絕，但已過而立之年的他努力抑制自己的情緒。

自小，傑瑞的家規就是「男兒有淚不輕彈」，稍微顯現情感都會引來他父親強烈的斥責：「再哭，我就給你一點顏色瞧瞧！」於是傑瑞從小就學會壓抑自己的情緒。這種模式在老一輩的人或受到傳統文化影響的人身上特別常見，在那種環境裡，喜怒不形於色、沉默堅忍才代表是真正的男子漢。

不論你是屬於上述哪種類型的悲傷，我都建議可以尋求悲傷支持性團體的協助，或是參加諮商輔導。

例如，能夠公開並探索自身情緒的互助型團體，對理性的悲傷者會有幫助；而專注於解決與失落相關實際問題的支持性團體，則對感性的悲傷者有益。如果你覺得自己能夠合宜處理悲傷，對自身的復原力有信心，則可以閱讀與悲傷有關或自我療癒的自助書籍，又或是參加相關的演講。

當你和其他與自己有類似經歷的悲傷者談話時，如果你願意聆聽他們的故事，即使可能又勾起你的傷悲，也會對改善情況有所幫助。

悲傷的四種類型

感性

* 通常情緒會一波波湧現，悲傷三不五時就來襲。
* 情緒化地表達悲傷，容易落淚、發怒或哀傷，以及退縮。

＊表達和深入探究情緒會有幫助。

理性

＊通常在身體上或認知上經歷悲傷。
＊通常以回憶或主動的方式表達悲傷（參加紀念儀式等）。
＊以思考和行動的方式適應悲傷。

感性與理性混合

＊同時擁有感性悲傷者和理性悲傷者的特性。
＊通常以不同方式回應不同的失落，或許更感性地回應某些悲傷，也會更理性地回應其他悲傷。
＊根據對失落的反應來擬定方法會有幫助。

感性與理性拉鋸

＊經歷悲傷的方式，與表達悲傷的方式背道而馳。
＊經常壓抑情緒，無法表達失落的感受。
＊需要旁人或支持性團體的協助，例如針對治療悲傷「對症下藥」。

以你的方式悲傷，但別獨自承受

有時你可能在沒有家人的支持之下獨自悲傷，但我們通常會尋求家人的支持。又或是你的悲傷並非個人的事件，會有一些人與你共同經歷這段傷痛，比如寵物的過世、家族中的親人往生等。然而你經歷、表達和應付失落的方式，可能與你周遭人們的方式不同。

一家人有不同的悲傷方式是很常見的，但這也可能會讓人困惑，甚至造成衝突。感性悲傷者或許會擔心理性悲傷者會壓抑感受，或是誤以為對方不愛逝者。理性悲傷者可能會覺得，和感性悲傷者在一起會不知所措，也擔心對方缺乏應付傷痛的能力。

然而即使擁有與別人類似的悲傷方式，並不表示你一定會獲得安慰與支持。有時候你太過悲傷，以至於你無法安慰他人，別人也撫慰不了你的痛苦。因為大家都太難過了，所以每個人都沉浸在傷悲的情緒中，無法顧及別人。

凱倫和泰瑞這對夫妻都是感性悲傷者。當他們的孩子過世後，每當他們覺得難過時，就會躲開對方。正如泰瑞所說的：「每次我看到她哭，我也會開始哭。又或是我一哭，她就跟著哭。所以我們多半會說些不著邊際的話，或做些無傷大雅的活動，以免我們無法逃離悲傷的魔爪。」

但有時候，你可能會將自己與別人的差異視為力量的來源。另外，即使你表達悲傷的方式與別人不同，並不代表你對對方的愛與懷念比不上他人對逝者的想念。

表達和探索情緒是個漫長的過程。你需要時間與你所愛之人發展關係，而檢視那種關係的層次和等級同樣也需要時間。在某些方面，這就像把洋蔥一層層剝開，當你探索彼此如何隨著時間改變而發展每一層關係時，就會湧現出不同的情緒。此外，這個探索的過程也可能會像剝洋蔥一樣，讓你淚流不止。

這類的探索最好在不具威脅性、不做任何批判的環境中，也就是在你覺得安全的地方進行。它可能是在有諮商師的支持性團體裡，或與知己好友討論，又或者是在你書寫的文章中宣洩。

接受你的感覺，不要躲避它們，即使你可能會產生憎恨、憤怒或內疚等負面情緒，這會令人不安或不舒服，但是當你知道所有的感受都是因悲傷所產生自然而正常的反應時，你就可以坦然面對。當你檢視它們時，有些情緒甚至也會逐漸消失。

尊重孩子的悲傷方式

即使孩子也會有屬於自己的悲傷方式，例如有些孩子天生就是比別人淡定，對此，你也需要予以尊重。有些孩子則有機會學習探索悲傷，以及表達悲傷如何影響他們。

喬治有兩個兒子，分別是十一歲和十二歲。當他的妻子過世時，大兒子艾凡覺得參加當地一個專為兒童成立的悲傷支持性團體很有幫助，但小兒子布倫南參加過一次便不想再參加了。

喬治因此擔心布倫南無法走出喪母之痛。他跟他的小舅子，同時也是布倫南最親的舅舅馬克聊到這件事。馬克說，每次他帶這兩個小姪子外出時，布倫南都會談到他媽媽，說他很喜歡以前媽媽為他說故事的事情。

事實上，只要孩子的行為舉止沒有異常的變化，或成績明顯退步，又或出現尿床等退化行為，抑或採取行動來發洩情緒，甚至有自殘之類的跡象，你就應該尊重孩子的悲傷方式。

悲傷並未因時代的進步而發明可以輕鬆應對的方法，但我們能夠取得的資源的確比以前更豐富了。我們可以做更多事來幫助自己，並有效利用親朋好友提供的支持，甚至運用自己的創意。

悲傷是你為愛付出的代價，但是你不一定需要藉由沉浸傷痛中來表達你的愛有多深。

一、接受親朋好友的支持

最好的支持通常來自跟你最親近的人。哀悼者若能獲得親近者的支持，通常會比他人更快走出傷痛。但如果你最仰賴的人也陷入愁雲慘霧，兀自神傷，他們可能無法提供你需要的支持。

有時候，你可能覺得自己孤軍奮戰，但事實上，是因為你向無法提供支持的人們求助。有些人是很好的聆聽者，有些人是行動者，還有些人則懂得如何讓你暫時忘記憂傷。總之，請善用你的支援系統。

另外，你也可以想想自己為什麼無法獲得他人的安慰與支持。在某些情況下是，也許人們正處理自身的憂傷，因而無暇顧及他人的傷痛。此時你可能必須擴大你的求援範圍，像是向支持性團體或諮商師尋求協助。

又或者在某些情況下，你可能會發出模稜兩可、令人費疑猜的訊息，像是當別人試圖要關心你時，你卻佯裝堅強，說自己沒事。你無法期望別人能看穿你的心思。如果你需要他人的支持，就必須清楚表明，也可藉此知道自己能否獲得幫助。有些人可能心有餘而力不足，他們很想安慰你，但又不知從何處著手，你可以直接告知對方你需要哪些協助。

其實大部分的人可能都只能提供相當一般的協助，例如他們會說：「如果需要我幫忙，就打電話告訴我。」但你不知道他們是真心誠意，又或只是出於禮貌隨口說說。這時，你可以列舉一些具體的事情請對方協助，例如幫你送餐，或是開車載孩子上學，或只是純粹當個聆聽者就好。

你也必須承認，並非你周遭的人都有顆善良的心。有的人甚至還會故意說些殘忍的事情，讓情況雪上加霜。你必須教育他們，而且要和善地告訴他們，說些「你至少還有兩個孩子」之類的話語，並無法彌補喪子之痛。說來悲哀，有些人天生就喜歡落井下石，幸災樂禍，總是把自己的快樂建築在別人的痛苦上。這時，你要盡量減少與這些人接觸，或甚至完全避開他們。

二、從自助式書籍尋求慰藉

在悲傷時，資訊會是強大的補藥。由於你必須為自己的悲傷建立專屬的路線圖，多吸收知識，並參考過來人的經驗，自我充實會有幫助。

當你處於悲傷狀態時，會懷疑不知在別人看來，自己的反應是否很正常而普遍。閱讀相關的書籍可以確保你的感受是正常的，而且也可「對症下藥」。如果你對書中內容所提到的感受和反應強烈到讓你覺得不舒服，你可以暫時放下書本休息一下。這是在支持性團體中比較難以做到的事。

但你必須慎選書籍與資訊，例如，有兩本記載了精神掙扎的絕佳書籍，分別是路易士的悼亡手記《卿卿如晤》（*A Grief Observed*）和哈洛德．庫希納（Harold Kushner）的《當好人遇上壞事》（*When Bad Things Happen to Good People*）。兩本書都提出下面這個問題：強大而慈愛的上帝怎麼能讓可怕的失去與傷痛發生。但他們得到的答案卻截然不同。

路易士仔細思考這個問題，在極度掙扎之後下結論說，他仍然很難接受神祕的事物。庫希納則認為，上帝創造了世界，現在讓世界根據自然法則來運作，但上帝仍提供了慰藉和支持。如果你相信你受苦一定有原因，那麼庫希納的著作可能比較無法令你滿意。如果你不相信上帝，那麼這兩本書都不會有幫助。但重點是，你需要一本在你悲傷時能同理你，以及讓你能探索生命意義的書籍。另外，Centering Corporation（centering.org）和Compassion Books（compassionbooks.com）所出版的書籍，也能為悲傷者提供專業的資訊。

三、透過網路作為支持來源

透過網際網路，我們可以尋找地方性和全國性的自助團體、諮商師和靜修場所，甚至還有線上自助團體和諮商輔導。尤其是在沒有諮商團體，或是我們提不起勁與外界接觸時，這個方式就非常有幫助。

網路支持也有缺點。在網路上沒有面對面的實體接觸，也缺乏團體成員間的溫馨接觸。又或者網路上的資源良莠不齊，甚至有可能產生反效果。

網路也可以是紀念的地方。每個人都喜歡留下遺緒，留下提醒別人知道在他們生命中具有價值的東西，以及一個可供後人致敬和哀悼、分享回憶和驗證生命的「地方」。基本上，這就是墓地的價值之一。現在，網路空間就辦得到，例如「摯愛」（MuchLoved, muchloved.com/ gateway/muchloved-charitable- trust.htm)、「虛擬紀念館」（Virtual Memorials, virtual-memorials.com）或「遺緒」（Legacy.com, memorialwebsites.legacy.com）。有些是免費的，有些則要收費，這也可以算是數位時代的另一種產物。

四、參加支持性團體

當你悲傷時，支持性團體會是及時雨，他們可以提供有同樣遭遇的人明確且實際的支持，讓我們知道，別人在悲傷時也會有跟我們一樣的反應，而且他們也都能理解。

這類的團體還可以讓我們知道其他人是如何應付每一天悲傷所帶來的難題。面對失去，沒有放諸四海皆準的解決方案，沒有清楚的指示告訴你該如何或不該如何悲傷，但是支持性團體可以提供一系列的替代選擇。當你聽到別人如何克服難關、走出傷痛的故事時，你可能會找到對你有效的解決方案。

支持性團體也提供暫時喘息以及和理解情況者相處的機會。他們可以提供一個下午或晚上的時間，讓你暫時遠離悲傷所帶來的寂寞、孤獨和厭倦。在你深陷悲傷時，他們就像燈塔一樣指引你，讓你看到走出傷痛的出口就在不遠處，你可以熬過難關。

另外還有一個隱藏版的好處，那就是：當你幫助別人，也會幫到自己，覺得自己的存在是有意義的。無怪乎支持性團體是歷史悠久、經得起時間考驗，也能幫助人們對抗各種難題的良方。

不過支持性團體並非萬靈丹。因為團體是大家共同努力、相互打氣的地方。在團體中，你會獲得別人的付出，但你也必須有所回報。然而，有時當你情緒低落，實在無暇顧及他人的感受，你需要的是較多的關懷，在這種情況下，求助個別的諮商輔導可能是最好的方法。

此外，並非所有團體都能提供同樣的協助。有些類型的團體比較符合感性悲傷者的需求，而有些則比較適合理性悲傷者。例如，理性悲傷者可能會被提供資訊或從事宣傳活動的團體吸引，例如「被害兒童父母組織」（Parents of Murdered Children, POMC）。純粹處理悲傷的團體則可能對這類型的悲傷者沒有多大幫助。

結構和引導方式有問題的團體，可能只會讓你度過數小時難熬的時光，因為該團體唯一的重點是分享感受。在這種團體中，似乎每個成員都想用自己的悲傷經歷來勝過別人的故事。有效的團體會協助成員宣洩感情，但也會教導你該如何充分應付自己感受的方式，包括：適應沒有所愛之人的生活；找到與逝者保持連結的健康方式，並且在面對失去後重建你對信仰、哲學和生命意義的意識。

如果某個團體堅持只有一種方法可以緩解悲傷，那個團體可能就不適合你。

五、藝術療癒

在進行悲傷旅程時，你可以運用自身的才華和興趣。不論是寫詩或寫散文、繪畫、歌唱、攝影，或其他方法，利用這些方式幫助自己表達悲傷。

之前我曾提到，加薩在《死神別驕傲》一書中是如何紀念他的兒子；查普曼譜寫〈水乳交融〉來頌讚她的先夫恩斯特．查普曼（Ernest Chapman）；十四歲的布莉安娜．雷諾斯（Brianna Reynolds）寫下《無意義的子彈》（*Meaningless Bullets*）的詩作，來紀念在鄰近學區中遭到槍殺的年輕學子。

表達性藝術的療傷方式之所以有效，是因為它們很自然。你只是用一種常見的活動來表達你正在經歷的事情。這些方法是具有反思性的，能充分探索內在的反應。當你參與活動時，它們可以釋放你被壓抑的能量。它們會從你的內在中汲取靈感，將你與你的文化、背景和信仰做連結，最終以自己的方式發揮作用。感性的悲傷者可以表達自己的情緒，而理性悲傷者則會回憶和重新體驗回憶。

人們常會用書寫來療傷止痛。這裡提供一種方法：悲傷者先以第一人稱寫兩篇文章，表達他們對於死亡的感覺、想法、恐懼與產生的生理感受。在接下來的兩篇文章，是寫給與自己有類似經歷的假想朋友，其中一封信要傳達彼此共有的感受，但不要提及任何諸如內疚、擔憂等負面情緒；另一封信則是提供對方能走出傷痛的悼念儀式、從失去中習得的領悟，以及有益的資訊。最後，再寫封談論逝者的信給某人（那個人可能就是你自己），信中可以聊聊與逝者過往的記憶、此人故去對自己的影響，同時也思考該如何面對現在與未來的生活。如果你想以書寫療癒傷痛，這是一種不錯的參考方式。

每個人都具有創作的天賦，這些才能在我們經歷悲傷時會很有幫助。它可能是畫一幅你所愛之人的照片、抽象地描繪你的失落和悲傷，也可能是做個攝影拼貼、寫詩抒發你的悲傷、透過寫故事或日記描述你的悲傷，上網Ｐｏ文記述你的旅程，或是以一首歌分享你的回憶或情緒。

PART 2

人生，就是一段不斷失去的旅程

每一種失去都會為悲傷製造出獨特的問題。

例如，在任何形式的婚姻關係中，喪偶後在世的另一半，要重回生活常軌可能會很困難，甚至極其艱鉅。

無論孩子是在幼年、青少年或是成年階段逝去，喪子都會造成極其嚴重的心理傷害。

雖然我們深知終會為父母的老死而感到悲傷，但這種預期不一定會減輕我們的悲傷，又或是讓我們在父母過世前，能提前為人生中可能改變的各個層面預做準備。

大多數人都沒意識到，我們一生裡擁有的關係中，最長的可能是和手足的關係，在我們擁有配偶和孩子，以及於父母過世之後，他們通常都還健在。但是當某位手足過世時，我們往往發現沒想到自己竟會如此悲傷。

在接下來的這幾章，會探索我們在這些失去中可能經歷的悲傷反應，以及如何因應失去和重建生活。

第五章

重新學習一個人的生活

在丈夫過世後，黛博拉對自己在生活上產生的改變感到很驚訝。有些改變相當微小而且也在預料之中。她必須接手原本由丈夫負責的工作，例如做好理財規劃，這一點還滿容易的，因為他們早已為此預做打算。有些改變則比較細微，例如，黛博拉在看電視時，還是會不自覺地轉向她丈夫常坐的空椅子說話，頓時她才猛然想起，先生已不在人世。在十七年的同床共眠後，當黛博拉獨自一人睡在他們的加大雙人床上時，一切似乎都改變了。

黛博拉也發現她和其他人的關係變得不同了。她母親現在更常打電話來，擔心她過得好不好，但她的公婆幾乎連一通電話都沒有。黛博拉的婆婆提到，只要看到他們的長子艾力，心裡就會很難過，因為他就像他父親的翻版。黛博拉的孩子們很想念祖父母，她也對於他們的不理不睬感到很生氣。

就連友誼也跟著變質了。之前他們認識的一些夫婦，現在跟她的關係已經變得很疏離。

但黛博拉也注意到，仍有些普通朋友願意伸出援手，給予友誼與支持，並樂於聆聽她的傾吐。她還結交了一群新朋友，全都是在支持性團體中認識的寡婦。

她與子女的關係也不復以往，因為她現在是單親媽媽，必須母兼父職，厲行紀律。她與青春期的兒子處得很僵。「我們的關係變得更緊張了。不再有人居中緩衝，可以讓我說：『今晚由你去應付他。』」

配偶過世後，很多地方都會有所改變。家庭生活方式不同，與父母、姻親和朋友的關係也不同了，甚至與子女的關係也可能會改變。

就像黛博拉一樣，你必須適應或大或小的變化與差異。

婚姻中的相愛相殺

每對夫妻間的關係都不同。有些配偶彼此維持相當高的自主與獨立性，除了擁有共同的活動與朋友外，也保有各自的交友圈。有些關係的互動方式可能是夥伴式的；兩人喜歡相同的活動和朋友，但並沒有高度的相互依存或依賴。

黛博拉和她丈夫很常在一起，從和朋友一同外出到參加子女的活動，都是形影不離。除了工作之外，他們很少分開。但是當其中一人出差，或是孩子們具有獨占性地強迫他們分開活動時，他們也能很享受各自行動的時刻。

每一項婚姻都有某種程度的相互依賴，但高度依賴和相互依賴的關係很可能會使悲傷複雜化。我們會陷入這種關係，通常是源自於我們的童年時期。例如，維芭從小到大從未得到她父親的稱讚，她父親總是偏愛她的兄弟。等她結婚後，就習慣性地希望企求獲得丈夫的讚美和安慰。

當夫妻關係處於高度依賴時，喪偶的一方會覺得孤獨，很怕自己無法在沒有保護者的世界裡繼續生存。即使我們的伴侶是依賴者，我們一向是擔任保護者，也可能會覺得自己沒有盡到護衛另一半的責任，為自己的失敗感到自責。

你與過世配偶在生前的互動方式，以及你對對方的感受，會影響悲傷的複雜程度。尤其是包含愛恨交織的重重矛盾，更是最大的難題。

黛博拉與羅患漸凍人症的吉爾關係就很矛盾。他們彼此相愛，但經常為了要開誰的車、家庭支出，以及孩子的教養等諸多原因而產生口角。這些爭吵都只是無足輕重的生活瑣事，也沒有很嚴重，但卻從未停止過。在吉爾生病期間，他們夫妻倆會彼此加油打氣，但黛博拉也曾因為吉爾的失禁等失能問題而與他起過爭執。吉爾過世後，黛博拉認為自己當初應該要更關愛先生，對他更好一點，她也很後悔在盛怒時曾說過一些傷人的話。

就像黛博拉的感慨與體悟，當你的另一半過世時，你的生活就會大幅改變。在某些情況中，配偶的角色可能曾是你自我肯定的力量，也可能使你長期處於自我否定的狀態中。我經常與神職人員的遺孀合作，在某個特定教派，他們不對婦女授以聖職，妻子通常擔任共同牧師的職務，包括主持附屬的婦女組織，並且擁有作為教會「第一夫人」的核心角色，許多人認為這點很有意義。但當丈夫過世時，這些婦女通常會同時經歷多重失去。她們不僅喪偶，也失去在教會的職務。她們可能必須搬家，尤其如果房子是教會所擁有的牧師住宅。

即使你的失去沒有那麼極端，你還是會面臨其他的困境。你可能失去金主、性伴侶、管家、行程管理者。你必須扮演曾經由你另一半負責的新角色，並且獨力完成以往和對方一起進行的事情。在某些情況下，當你的職責或經濟條件改變時，你可能需要搬家或換工作。與家人的關係也會改變，像是成為單親家庭的唯一家長，你也必須加強親子關係。

悲傷的關鍵任務之一是適應少了另一半、未來將過著截然不同的生活。然而這樣的悲傷可以用積極的態度看待，因為它能使你學習解決問題，弄清楚你可以在接下來的人生中掌控哪些事，以及你必須接受哪些改變。

你也需要評估自身的優缺點。你過去如何適應改變和面對失去的哀痛？在哪些方面表現得還不錯？又有哪些錯誤的方式是你現在想要避免的？你還可以找誰幫忙？

年輕或年老時的喪偶人生

另一項影響喪偶心情的因素，是你是在何時失去另一半。你在三十幾歲或七十幾歲喪偶，會面對不同的問題。

通常我們不會料到自己在早年就喪偶，至少對北美和歐洲的大多數人來說是如此。我們會期望能與對方白頭偕老。

早年喪偶會被視為創傷，因為它完全不在我們的人生規劃中，也顛覆了我們對生活和世界的假設，即這個世界不再安全可測。

若你早年喪偶，就必須獨力撫養下一代。你不再有配偶可以一起討論問題，或是分擔職責和管教。這對男性可能會是比較困擾的問題，因為在喪偶之前，他們在子女的生活中並沒有扮演太重要的角色。哈佛喪親研究（Harvard Bereavement Study）是針對喪親兒童的悲傷所進行的重大研究，結果發現，許多男性從解決單親問題團體所獲得的幫助，更甚於悲傷支持性團體。

當你面對另一半離世的哀痛時，你的孩子也是處於同樣的狀態。孩子對喪親的適應狀況是否良好，與未亡配偶因應失去的情況有很大的關係。如果你正身陷悲傷中，不難理解你會因為大受打擊而無暇顧及孩子，這時你需要一個更大的親友網絡予以支持。例如黛博拉就向她的哥哥求助，事實上，在黛博拉的先生過世後幾年裡，她哥哥可以說是黛博拉的兒子們的最佳支柱。

如果你是在年輕時經歷喪偶，某方面來說你是有優勢的。你的健康狀況可能還很好，通常也還有工作能力，你可能擁有來自原生家庭、姻親和朋友們的支持。簡言之，你擁有許多能幫助你的資源。

喪偶霸凌

當吉爾被診斷出罹病時，這個噩耗讓他和黛博拉恩愛至終的夢想破滅了。他們曾經計畫在退休後要去爬紐約的阿第倫達克山，現在永遠都無法實現了。黛博拉變得更加注意自己的身體，也很擔心子女的健康和安全。

此外，當我們和另一半都尚年輕時，可能會常待在也是以夫婦為主的交友圈裡。而喪偶可能使我們自覺像是在雙雙對對的世界中落單，甚至連朋友都可能把我們當成潛在的競爭對手看待。黛博拉就發現，一些曾經很好的朋友不習慣再繼續讓她一起參加活動。有位朋友的丈夫提議要載黛博拉回家時，那位朋友還因此焦慮不安。而且，黛博拉也很憎惡她一些男性朋友的性暗示。

在年紀大時喪偶，也有不同的優勢和不同的問題。你會發現像你一樣面臨老年喪偶的人並不在少數，在雙雙對對的世界中落單的不只是你一人，你的許多同儕也都在努力解決類似的問題。你可能會擁有一群與你有同樣際遇的喪偶朋友，彼此可以相互安慰鼓勵。

隨著年紀漸增，我們也開始習慣悲傷的節奏。等到更老的時候，我們也經歷過許多所愛之人的死亡，你現在知道悲傷是什麼，也了解該如何應付失去。雖然每一種失去都不同，而且需要不同的協助，但你對隨後的反應或週期性的悲傷會漸漸習慣。你已經是個經驗豐富的悲傷能人了。

此外，你也會開始意識到自己的生命有限，死亡不再是遙遠而令人困擾的事。我母親年過八十後就不再告訴我兒子：「我等不及想參加你的婚禮了。」而是說：「我希望能有機會參加你的婚禮。」我有個鄰居的先生因為心臟病發而猝逝，我安慰她：「這一定讓妳很震驚。」她回答我，其實她更驚訝的是他們夫婦倆都能活那麼久。面對死亡這個必經的人生課題，許多老年人會變得豁達。

當你年紀更大時，還會面臨不同的問題。可能你的身體狀況已經很糟了，悲傷會對你的健康更不利，抗壓性也相對變差。較年長的喪偶者罹病的機率會較高，或可能死於慢性病，例如癌症，又或是受飲食或抽菸等生活習慣影響的心血管疾病。他們的配偶在生前通常也會有相同的生活方式。

當配偶過世後，你可能無法再維持健康的生活習慣。也許你以前每晚都和伴侶去散步，但現在已經無心再維持這個習慣了。你可能也變得飲食不正常，甚至藉由酗酒或過量的藥物來紓解鬱悶。所以如果你年歲漸長，需要特別注意維持健康。

當鰥夫、無子女或同性伴侶失去摯愛

有些鰥夫會發現很難處理煮飯、打掃和洗衣等家事，尤其是較年長的鰥夫，他們在傳統性別角色界定鮮明的環境中成長，可能比較不容易承擔妻子傳統上扮演的所有角色。在傳統中，女性是家中的「親屬關係守護者」以及「社交祕書」。由妻子安排社交活動，邀請成年子女或親戚前來晚餐，並且與鄰居和親戚維持聯繫。當妻子過世時，鰥夫可能就失去了社交連結。

若是婚後膝下無子，未亡配偶的生活也有可能變得更封閉。他們缺乏成年子女提供的支持系統，而且無兒無女的夫妻可能平時就很互相依賴，讓他人幾乎沒有可以一起參與其生活的空間。孩子通常是很好的橋樑，能建立與其他家長和鄰居之間的關係，將你帶進原本可能不會擁有的人際連結中。

這對同性伴侶也可能是一個問題。同性婚姻是較新的結褵觀念，所以關於未亡配偶會面臨哪些問題，相關的研究並不多。不過有項針對同性婚姻的研究指出，其中許多人因為無法公開表現悲傷，甚至必須壓抑，所以旁人多半察覺不出他們正經歷失去伴侶的苦痛。

另一半走後，你要面對……

一、喪禮和追悼會

喪禮或追悼會極具療癒作用，當你可以用很個人的方式表達對逝者的想念時更是如此。例如，你可能希望以特別的方式來展示照片，也許是透過展示板，或是播放幻燈片，尤其是在逝者久病或罹患失智症前仍健康快樂的影像，可能特別重要。你也可以利用悼詞、文章、音樂或擁有特殊意義的詩詞，表達思念或感恩之情。家人和朋友則可以參與的心情分享，或在喪禮時作為護柩者、引座員。

一位年長的婦人曾跟我提到，當她看到她四歲的曾孫慎重地在一個追悼儀式獻花時，她深受感動，也覺得此事意義重大，因為這使她體認到在家族裡會生生不息的生命循環。

大多數信仰的傳統，都認為哀悼是個持續進行的旅程。例如，天主教鼓勵週年彌撒，猶太教以週年忌辰（yahrzeit）的儀式來紀念對年；其他宗教則以紀念碑的揭幕或獻辭來紀念對年。你可以創造屬於自己的儀式和傳統，以紀念你悲傷旅程裡值得紀念的每個中點，包括紀念日或生日。有位寡婦就在丈夫逝世週年即將來臨前到他墳前，對著墓碑詳述在家族中發生的大小事情。

二、處理配偶的衣物

黛博拉曾向我提到，在先生走後，她很難處理「所有的東西」。我原本以為她指的是與悲傷有關的情緒和反應，但事實上她說的的確就是「東西」——所有她先生生前的物品和衣服，包括放在衣櫥、抽屜和車庫各處。在她丈夫生活中點點滴滴的物品，都默默見證著她的喪偶傷痛。

但你還是得處理「悲傷的東西」，尤其是當配偶過世時。處理悲傷物品的第一個規則就是：沒有任何規則。你可以自行決定要保留或是丟棄的東西。我的支持性團體裡有位男士表示，對他而言，看見曾塞滿他老婆衣服的抽屜如今變得空空如也，這遠比看見她的遺物還糟糕。

應該選擇何時處理這些東西並沒有時間表，你可能也不知該從何處著手。你不必覺得非得做這件事不可，當然也無須強迫自己要在第一週、前幾個月或一年內進行。你應該在你覺得時機適當，或你已經做好準備的時候再進行。

當你決定要清理逝者的遺物後，再來思考你是否要獨自完成。有些人需要依照自己的步調緩慢進行，在他們回憶襲上心頭時偶爾暫停一下。有些人則會很需要親友的支持和協助。

整理遺物的斷捨離

黛博拉的丈夫吉爾捨不得丟東西，地下室到處都擺滿裝了舊物的盒子，像是裝了吉爾的父親留下來的二次大戰配給券，以及吉爾曾簽過的每張支票。當黛博拉決定著手整理丈夫的遺物時，她把所有東西分成五類。

第一類是不假思索就可以馬上丟棄的東西，這些囤積物根本沒有任何意義或價值。她很快就丟掉配給券，只留下她兒子想要的一張樣本，她兒子覺得或許日後在討論歷史的課程中會用得到。

第二類是她不確定是否該保留的東西，她覺得應該要和她的孩子們或吉爾的兄弟姐妹討論。例如，高中時代的運動獎盃，還有他原生家庭的照片。等到家人給她意見後，她馬上就做出該丟棄還是轉送的決定。

第三類是「現在還不是丟掉的最佳時機」。對於這些物件，黛博拉還沒有準備好決定怎麼做。遺物裡有許多張黑膠唱片，那些歌曲裡有他們共同的記憶。雖然她的iPod裡也有這些歌，她也老早就丟掉她自己的唱片，但她仍然無法捨棄這些會讓她想起過往的塑膠商品。

第四類是她想要捐贈或送給其他會珍惜這些東西的人。比方說，她決定要把釣具送給一位經常與吉爾一起去釣魚的好友，對方也欣然接受。

最後一類是她想要留下的東西。黛博拉將一件吉爾從大學時代就一直在穿的舊法蘭絨襯衫留下來。雖然她以前常要吉爾丟掉那件舊衣服，但他從未照辦。現在她偶爾也會穿上那件襯衫，感受吉爾的氣息。

三、回應差勁的安慰

失去老伴已經夠糟了，但更糟的是：人們為了安慰你，還可能會說些不合宜、不得體，甚至是愚蠢至極的話，而你仍得打起精神來面對這種情況。

其中有許多是「錯誤的鼓舞」（false cheer），又或是「天無絕人之路」（「每朵烏雲都鑲有銀邊」）之類的安慰話。這些讓善意走樣的話還包括：「你還年輕，你可以再婚的。」「為了孩子，你要堅強。」「他（或她）的時辰已經到了。」「每件事情的發生，都是最好的安排。」

如果幸運的話，你對這些話語可以毫無感覺，充耳不聞。但有時它們可能具有破壞力，包括破壞友誼、讓你對自我產生懷疑，甚至還威脅到你的信仰。例如，「神不會帶給你超出你所能承受的事」，這樣的說法可能會讓你心中存疑，甚至對上帝感到憤怒。

在一本名為《我懂你的感覺：別老是這樣安慰人》（*I Know Just How You Feel: Avoiding the Cliches of Grief*）的好書中，作者艾琳．林恩（Erin Linn）提供讓人能回應令人愕然或傻眼的慰問。她建議，你可以自問三個問題：

・對方到底想說什麼？

大多數的朋友和家人都不會故意惡毒傷人，他們多半是想傳達支持和安慰。即使你了解他們選擇了錯誤的方式表達支持，對他們說的話也深感遺憾，還是要明白他們終究是出於善意。

・為什麼這話很傷人？

大部分沒有分寸、口無遮攔的話會傷人，是因為他們認為我們的悲傷是錯誤的。你是否會再婚，跟你現在的悲傷無關，而且對於消除悲傷沒有任何幫助，你永遠會為失去另一半感到哀痛。

・你該怎麼回答？

你可能不會有回答對方的機會，但只要想想你可以說些什麼，以重新找回情況的主導權，並且能讓你不再像是個受害者。

或許有些人會說：「至少你還有孩子。」對於這種說法，你可以簡單回答：「有孩子的確很令人安慰，但我更在意的是，泰莉永遠都不能和我一起養育他們了。」對於「每件事情的發生，都是最好的安排。」這樣的說法，你可以回答：「我永遠都不會了解，我失去妻子怎麼會是『最好的安排』。」諸如此類的回話，可以表達只有你這個當事者才能體會的悲傷，或許也能教導其他人該如何更顧慮憂傷者的感受。

有些令人惶恐不安的意見，可能是「不請自來的建議」，例如，「你應該馬上搬出那間大房子」。在這類情況中，請記住兩點。第一，相信自己的直覺。每個人處理失去的方式都不同，對別人管用的，未必對你有效。你需要聆聽內心的聲音。

其次，給自己時間和空間，一開始你可能不知道自己想要什麼或應該做什麼。雖然悲傷的方式沒有規則，但試著至少在六個月到一年間別做出任何重大決定。

這樣的安慰剛剛好

在悲傷中，最好的支持往往是最安靜的。一個朋友只需要說「我很遺憾」或「怎樣才能幫上忙」，其他就不必多說了。你的衷心關懷，可以用行動來表現（例如幫忙提供餐點或做雜務)。

有位女性說，在她丈夫的喪禮上，一位同樣也是寡婦的鄰居拿了把鑰匙塞進她手裡。「有時候妳會寂寞，」這位鄰居告訴她，「有時候妳也可能不想要孤伶伶地待在家裡。現在，妳有我家的鑰匙了，如果妳願意，就到我家來。」這種默默的關懷往往勝過千言萬語。

以下是你可以向經歷喪親悲痛的親友，表達誠摯的關懷與陪伴的話語及動作。

- 避免委婉的說法。像是「他過世後，你還好嗎?」等這種直接點出死亡事實的問句，能表示你已準備傾聽對方的感受。聆聽是你能給予傷痛者的最佳禮物。
- 老套或言不及義的安慰，並不會消除對方失落的痛苦，你最能做的，就是現身在哀傷的家人或朋友面前，陪在他們身邊，包容他們的痛苦，並且支持他們。
- 不要讓悲傷者覺得他們的難過沒有道理，又或是不被重視。有人會說「你還年輕」、「你可以再婚」、「想想你還有孩子」、「她已經算很高壽了」、「至少他沒有受苦」，諸如此類的說法可能是想要安慰人，但這些話並沒有同理當事人正在經歷的失落和悲傷。

- 不要說些陳腔濫調，例如「他現在待在比較好的地方」或是「上帝一定想要她」。悲傷者最終可能會從自己的信仰中得到慰藉，但現在他們只想要逝者長相左右，起死回生，只要說你對他們的失去感到遺憾就可以了。
- 分享對逝者的任何特別回憶，以及你從逝者身上學到的經驗教訓，或是他們對你人生的影響。你可以在葬禮時分享這些，也可以用信件或卡片發送，收到的人會珍惜它們的。
- 如果你想幫忙，要具體說明你可以做哪些事。例如：「我可以幫忙接機或是送機嗎？」或是「你要我下班後去接柯帝嗎？」遠勝於「如果有幫得上忙的地方，請讓我知道。」

四、重返工作崗位

你可能在喪禮後不久就必須銷假上班。喪偶的傷痛已經把我們壓得喘不過氣，我們還必須強打起精神投入工作中，這真的是段很艱困的過程。

我要提醒你，接受自己的悲傷會很有幫助。你不可能一進入公司後就忘卻悲傷。對自己承認，有時候可能真的會很難熬。有些日子你做起事來得心應手，有好幾天你可能也會諸事不順，進度嚴重落後。記住，別太強迫自己，給自己一些彈性，對自己好一點。

對待你的同事也要溫柔，他們可能只是不知該說什麼。你可以對交情比較好的同事傾訴悲傷，而其他的同事，甚至是上司，則可能需要你明確告訴他們能提供哪些支持與協助。

另外，公司的人力資源部門或員工協助方案[1]則可以提供資訊、支援和諮商輔導。

未來該如何走下去？

喪偶是具有破壞性的傷痛。當你的另一半過世時，你的生活不可避免會改變，但你的基本選擇是繼續活下去，甚至成長，即使這樣可能很痛苦。

或許，生者要好好活著，就是逝者最美好的遺緒。

一、接受伴侶離世的事實

伴侶過世就像是場你希望能趕快醒來的噩夢。你或許會假裝對方在上班、去旅行，或只是去購物。每當電話鈴聲響起，或聽到腳步聲，你會希望那是對方發出來的。即使你去買菜，你可能還是會習慣性地買對方喜愛吃的食物。

一開始，失去帶來的震驚，會使你難以接受噩耗。但接下來要面臨的許多事情，例如喪禮、弔唁卡和哀悼慰問電話等，會使大多數人開始承認另一半已離世的事實，漸漸不再期待配偶會回來。失去的事實會慢慢滲透到你的意識中，你開始逐漸適應新的現實。你不會再將目光從電視轉向空蕩蕩的位子上，也不會不自覺地去食物櫃裡拿那些對方為你準備的零食。

二、探索和表達情緒

在喪偶之後，會產生許多的感覺和行為，包括有悲哀、憤怒、愧疚與自責、焦慮、孤獨、疲倦、解脫、放鬆、麻木……等。處理感情的第一步是承認它們，這些感覺都是悲傷過程中會自然產生的部分。你不太能強加控制，相反地，你需要探索它們。問問你自己：哪些

1 編註：Employee Assistance Programs，簡稱EAPs。是美國一九七〇年代以來在企業界發展出來的新方案，用以協助員工解決社會、心理、經濟與健康等方面的問題。

情況會引發這種情緒？我要如何處理這些感覺？

雖然你無法完全控制自己的感覺，但你可以控制處理悲傷的方式。處理情緒有建設性或破壞性兩種截然不同的方式。建設性的方式包括運動、捶打枕頭、在空曠處尖叫、做白日夢，或是將你的憤怒化為動力，以求改變。破壞性的方式是把怒氣發洩在周遭的人身上，但這樣做會將別人趕跑，讓人不願再對你伸出援手，所以要盡量避免或減少這種行為。

另外，你也可以寫日記把悲傷記錄下來，或是和密友或知己、支持性團體、諮商師或神職人員一起檢視這些情緒。如果你的情緒很強烈或複雜，支持性團體和諮商輔導可能比較有用。因為若你亟需分享內心的感受，以及對抗悲傷的時日太久，可能會讓朋友和家人感到精疲力竭。

三、要不要再度約會？

或許在未來的某個人生階段，你會考慮展開另一段新的浪漫關係。

即使步入中年或老年，我們仍會擁有心理、社交和性方面的需求。你可以根據自己的需求和是否已做好準備，來決定何時該擁有這種關係，而非被善意的家人或朋友牽著鼻子走。

你需要調整好先前喪偶的失落心態，如此才能對另一個人做出共度餘生的新承諾。將另一項關係視為解決寂寞孤獨的方式，對新伴侶並不公平。展開任何的新關係或再婚都有一定的複雜度，而且總是不可避免地會將之與往生的配偶做比較，在這種情況下，逝去的另一半有點像是屋裡的第三者。

如果你有孩子，將新伴侶慢慢帶入你與他們的生活中是很重要的。許多孩子認為父母約會和再婚是好壞參半之事，有些孩子認為這樣可以紓解父母的孤寂和孩子對父母的擔心，但有些孩子則會以行動表達他們對新加入者的厭惡，尤其是在這項關係開始的第一年內，通常從第二年起比較能接受。對成年子女來說，情況亦是如此。

四、保持連結

即使在死亡之後，你與伴侶仍保持連結。那種連結會以許多方式繼續存在，包括在回憶中、在對方留下的遺物裡，以及在彼此的精神連結中。

隨著你失落的痛苦逐漸淡去，你的記憶反而會變得更鮮明。回憶通常是令人欣慰的，能使你與此人的關係更緊密，即使對方已不在你身邊。記憶也會使你與活著的其他人感覺更親密。

我喜歡我母親跟我說她與我父親戀愛的故事，他的敏感和愛，以我不知道的方式表現出來。這些故事讓我們對父親的了解能拼湊得更完整，使大家更了解這個男人，而不只是身為一個父親的刻板印象。甚至連一些滑稽和有趣的陳年往事也能讓我們暫時忘卻憂傷，提醒我們彼此曾共度的歡樂時光。

這類記憶就像壁爐裡的火光，能驅走失落帶來的寒意。藉由掃墓、觀看照片或家庭影片，或是參加私人家族儀式和紀念會，也可以喚起過往溫馨的記憶。要面對痛苦的回憶，只有當你充分擁抱它們，你才可以真正了解和找到解決方法。

你也可以選擇延續配偶生前精神的方法。例如州警官理查有兩個幼子，而他不幸在執勤時遇害。妻子娜汀每年都會贊助紀念他的路跑募款活動，他的許多同僚也都會前來分享理查生前的故事，這讓對父親幾乎沒有任何印象的兩個兒子有了些基本的認識。

五、重建信仰

艾略特對妻子的過世極為哀痛，但她的死去並未動搖他的信仰。她過世之前，已過了多年幸福的生活，雖然身體衰弱，但精神是愉快充實的。她離世時，所有家人都在她身邊。

但有些死亡會讓你不再信奉你的信仰，或對之產生質疑。此外，死亡的原因、逝者的年紀，或是受苦的程度，可能很難讓你相信上帝是仁慈的，或是宇宙有任何意義、生命有任何目的。你會覺得孤獨和被遺棄，信仰無法提供任何慰藉。

悲傷的任務之一，是重建因為你的失去而受到挑戰的信仰或哲學。在這段時期，你可能會將自己與你的信仰隔離，但其實你應該在你的信仰團體中分享你的內心掙扎，團體成員也能從旁陪伴，提供建議與過來人的經驗談，讓你了解如何因應難題，並恢復希望。

讓別人拉你一把

如果你陷入悲傷時在社會上孤立無援，你需要思考原因何在。你是否為了掩飾你渴望和需要的支持，故作鎮定，將別人的好意推拒於外，讓他人覺得自己的關心是多管閒事？

有的喪偶父母在孩子們經常來電詢問他過得如何時，會很唐突地說，他過得很好，不需要那麼常打電話來關心和問候。很快地，就會沒人打來了。如果你需要幫助，需要別人的安慰，或就只是隨便聊聊，就必須明確表達你的需求。

在某些情況，你身邊可能缺乏足夠的支持系統。你需要過多的關懷這件事可能會讓別人嚇跑，這時你可以向諮商師或悲傷支持性團體尋求支持。但也可能是你對周遭的人期望太多，又或者你沒有充分運用所獲得的支持。

當然，可能有時候你的支持系統不夠強大，就如同黛博拉一樣，周遭的人可能會覺得受到我們新身分或地位的威脅；或是你可能會因為異動，例如換工作或是轉學，使得能支持你的人並不在身邊；又或是你年紀較大，能給予你安慰的另一半或是好友都已逝去。在這些情況下，參加悲傷支持性團體或樂齡俱樂部會格外有幫助，讓擁有相同處境的人能互相陪伴、分享，也能就此重建一個新的朋友網絡。

當你悲傷時，是否有足夠的外援？

以下這項簡單的練習可以幫助你評估自己是否善用資源。

我通常會要求我的個案寫一份清單，列出他們知道誰是已經承諾，或可能可以提供支持的人。當我檢視這份清單時，可能會再添加人選。我常會問他們一些問題，例如：還有漏掉的人嗎？例如工作上的同事、宗教團體的教友，或是其他鄰居或朋友？一旦完成這份清單，個案經常會對清單上列滿一長串的人選感到驚訝且放心。

接下來，我會請個案找出是個好聽眾的人，在他們名字旁邊寫一個L（Listener）。然後，再找出行動者，也就是可以幫助他們完成雜務或差事的人，在他們名字旁邊寫一個D（Doer）。最後，在會是個好陪伴者的名字旁邊寫下一個R（Respite），這些人可能從未問我們過得如何，而且似乎也避免與我們討論失落或悲傷，但他們通常可以提供讓人「喘息」的機會，或使人遠離悲傷（他們會想辦法逗你開心，和分散你的注意力）。

這項練習有三大好處。首先，它能確認喪親者是否擁有足夠的支持與協助。其次，它能檢視這個支持系統是否能充分有效地運作，包括是否有人能分別扮演行動者、聆聽者等不同的角色。第三，我們不必一直沉浸於悲傷中，而可以做些能轉換心情的事，或是讓其他人來轉移你的注意力。

第六章

孩子走了，但永遠活在父母心裡

布萊恩痛失八歲的兒子沙伊。

沙伊罹患腦腫瘤，在進行極危險的手術後，仍然回天乏術。布萊恩經常想起沙伊，他為亡兒舉辦一場紀念會，那是為沙伊熱愛的「小聯盟」球隊所進行的募款活動。但他妻子瑪拉擔心布萊恩並未妥善處理他的悲傷，因為他從不曾哭泣或與人談論這件事。她強迫他加入她的支持性團體，但他去過幾次後並不覺得有任何幫助，還戲稱那只是「討拍大會」（pity party）。而布萊恩也很擔心瑪拉，因為每當有人談到沙伊，她都很容易就崩潰，甚至在兒子過世已兩年後仍是如此。

另一方面，沙伊的孿生兄弟史考特則認為自己不被重視，他自覺活在沙伊的陰影裡。某天，他在打棒球時打出一個再見三壘安打，比賽結束後，父親很高興地告訴他，因為他祈禱要沙伊保佑史考特能擊出安打，結果願望果然成真。但史考特覺得很受傷，因為他竟不是因為自己的實力而獲得肯定。此外，史考特也很擔心自己會不會也長腫瘤，而且每次只要頭痛時就會更加困擾。

大女兒海瑟也覺得父母不關心她，她告訴心理輔導人員，除了生病和死亡這類與健康有關的事情外，其他對她父母來說似乎都不重要。

無論孩子是在十二歲還是五十二歲時逝去，我們都不希望遭逢白髮人送黑髮人的悲劇。沒有一種死亡會像喪子那樣，影響力遍及整個支持體系。父母、手足、祖父母和親戚們，全家族的所有成員都在和悲傷對抗，他們也很脆弱，無法幫你。朋友和鄰居則似乎幫助有限，甚至還很疏遠。而其他家長知道你失去孩子後，可能會因為擔心你受到刺激而不敢邀你參加與自己孩子有關的生日派對或活動。

孩子的兄弟姐妹則可能會覺得被忽視，甚至被當成透明人。父母很容易將過世的孩子理想化，這使得在世的手足覺得自己必須與一個完美無瑕的鬼魂、無可取代的孩子的形象競爭。例如，在蘭登出生前兩年，他哥哥李死於癌症，蘭登從未見過他哥哥，但生活卻因他哥哥而不得安寧。家裡到處都擺放著哥哥的照片，他母親還有個特殊的車牌，上面寫著「I LUV LEE」（我愛李）。

在有些情況中，手足可能成為這起死亡的代罪羔羊。妮基一直覺得父母將她妹妹托妮的死怪罪於她，因為出事那天晚上，托妮覺得天雨路滑，不想開車，希望妮基送她一程。但妮基忙著趕作業，很氣托妮明明已經有駕照了還要她載，便斷然拒絕。結果，自己開車上路的托妮就發生了憾事……

喪子也代表你可能得放棄親子間曾共同參與的活動。例如，布萊恩是他雙胞胎兒子在「小聯盟」隊的教練，但現在他會觸景傷情，便停止參加球隊所有的活動。太太瑪拉也不再去看這些球賽，即使這些球賽能使她與其他家長保持連結。弟弟史考特則覺得他不僅失去哥哥，也失去了父母，他想知道為什麼父親不再擔任教練，難道爸爸就只關心沙伊嗎？

隨著時移事往，父母對往生的孩子仍會保有昔日的記憶，不僅記住他的樣貌，也會想到如果他還活著，現在會如何。即使事隔多年，我們仍會清楚記得，女兒第一次領聖餐，或是兒子從高中畢業時的景象。即使孩子長大，甚至成年之後，他們仍然是我們的孩子，那是一輩子都不會改變的事實。

然而，對仍活著的兄弟姊妹而言，他們與父母間的關係可能是不穩定，也極其矛盾的。尤其是對青少年的孩子來說，如果兄弟姊妹的死因是源於自毀的行為，就會導致悲傷更加複雜。

難以承受的喪子之痛

有些不幸的父母曾經歷難以言喻的喪子之痛，本章希望能透過許多案例的分享，讓你從這些過來人的故事中找到重新出發的力量。即使是與失落共處，許多父母仍能在人生中找到意義，他們的生命已經成為他們孩子活生生的遺緒。凱瑟琳．桑德斯博士就是這樣一個例子。

某一年勞動節，桑德斯在岸上看著她十五歲的兒子吉米滑水時，有另一艘船穿過吉米的滑水拖繩，使吉米撞到這艘船。當時，桑德斯才剛重回大學讀書，在吉米去世後，她將主修科目改為心理學，學習重點是研究悲傷，這樣做能幫助她更理解自己的悲傷。此外，桑德斯也協助許多家長了解在面對孩子逝去時該如何處理自己的傷痛。

父母在孩子過世時當然會感到震驚不已，即使在孩子患有絕症的情況下，我們仍抱有一絲希望。在事發後，你可能覺得自己恍如隔世或身處噩夢中，一切都令人感到困惑或不真實，即使在處理孩子的後事時仍猶如行屍走肉般，每天過得渾渾噩噩。

接下來，許多父母會開始意識到自己的失落。隨著震驚消退，你很可能會深感悲痛。悲傷也可能讓人感到身體不適，出現各種症狀，包括頭痛、背痛、肌肉疼痛、消化不良或疲憊。有時，肉體的痛苦會反映強烈的失落感，有些父母會描述自己的胸痛，以及一種像「心裡有個洞」的空虛感。

除了悲傷、渴望與孤獨的感覺之外，你還會很驚訝為何自己的脾氣變得如此急躁，為何總是處在憤怒的狀態。憤怒是面對失落時的自然反應，你可能會將怒氣發洩在你覺得要為你的失落負責的人身上，有時候，你會將憤怒出在與你關係最親密的人身上，或是怨恨上帝竟然奪走你的孩子。尤其當其他做出自毀或違法行為的孩子毫髮無傷，而你的孩子卻喪命時，你一定也會很憤怒。

有時你的憤怒可能會內化，變成自責與內疚。父母通常會抱著不切實際的期望，認為自己應該可以保護孩子免於死亡；也可能有角色罪惡感（role guilt），覺得自己應該當個更好、更慈愛、更負責任的家長。露絲在十七歲的女兒去世時，就有過這種感覺。就在孩子猝逝之前，她們曾發生過爭執，那是父母和青少年子女經常會產生的正常衝突。但她死後，露絲覺得她們最後的互動太過負面。

罪惡感是常見的反應，你無法控制它，但這是基於下面這個不切實際的期望所產生的感覺：「身為父母，你應該可以控制所有會發生在孩子身上的事情。」有時候跳脫自己，詢問別人是否認為你有責任，這會有所幫助。

另外還有因果性罪惡感（death causation guilt），也就是覺得自己在逝者的死亡中扮演某種角色，這是當孩子因遺傳性疾病過世時相當常見的情況；但是父母在其他情況時也會有這種感覺，像是：「我應該早點帶他去看醫生」、「我應該要讓她坐車去的」，或者「我不該沒看著她過馬路」等。父母和手足可能還會為自己仍活在世上感到內疚，認為這種失去是針對自己曾做過或根本沒做的事情，所遭受的重大懲罰。

在孩子死後，父母會認為這個世界是不安全，隨時都會有不可預料的意外發生。這種焦慮和擔憂的心態，也會讓父母對其他的孩子過度保護，使孩子難以進行一般的正常活動。

你可能也會嫉妒孩子仍健康平安活著的那些家庭，也會對那些只因孩子有很普通的教養問題就失去耐心的父母很不以為然。你還會產生自己與一般家庭不一樣的感覺，甚至覺得丟臉，覺得其他父母現在都以異樣的眼光看你。

如果你的孩子生前已罹患重病，或是長期與病痛或傷害共存，你可能會有解脫感，覺得他的痛苦終於到盡頭了。

悲傷也會影響你的想法。你會很難專注，變得健忘，容易分心。你會一再想到你的喪慟，不斷在腦中重溫痛苦的細節，並期待能阻止悲劇發生。你可能會經常夢到你的孩子，特定的活動或景象也會喚起你對孩子的記憶。

在某些日子裡，你可能以為自己已經逐漸恢復，但過一陣子又陷入深深的悲傷中，尤其是在假期和孩子的生日時更是如此。有時候，傷心是在無法預料的狀況下發生，例如看到某個長相或穿著跟你孩子相似的小朋友、看到以前你孩子最喜歡的電視節目、聽到某一首歌、在路上看到你孩子的朋友，或甚至看到孩子喜歡的玩具或遊戲等，都會喚起你強烈的傷痛情緒。

當你還疲於應付失落時，可能會因家庭或工作所需，被迫恢復正常生活。再經過一段時間後，你周遭的人似乎對你仍持續的悲傷開始不耐煩了，你只好強顏歡笑，覺得自己戴著一副面具，如同行屍走肉般地生活。

這是悲傷過程中最漫長也是最困難的階段之一。你的悲傷持續著，或許情緒的雲霄飛車已經開始放慢速度，但仍在行進中，你獲得的社會支持減少了，家人和朋友可能會低估或不了解你依然悲傷和需要支持。

有位失去獨生子的母親覺得，如果自己有一絲一毫的快樂，就代表背叛了她的兒子。但也有許多父母在悲傷進程中遇到轉捩點（turning point），當他們開始重新參與活動，或者發現其他孩子也需要關愛，又或當他們開始參加紀念往生子女的活動時，轉捩點就會出現。這些父母進入「再生」（renewal）的階段：他們選擇繼續向前邁進，學習與失落共存，即使再痛，也要過有意義的生活。

瑪拉採用治療師的建議後，就到達了再生的新階段。「我的諮商師要我對著一把空椅子說話，想像那是沙伊，然後要我告訴他我現在過得如何。我真的這麼做了。我哭著說我過得很苦。當我恢復平靜後，諮商師要我坐在沙伊的椅子上，想像沙伊會對我說什麼。我聽到我想像中的沙伊說他覺得很抱歉，因為他並不希望我這麼難過。我了解到沙伊其實一直都過得很快樂，還有我的傷心一定也讓他心情非常沉重。」

我們期望在有生之年能看到孩子平安長大，結婚生子。一旦孩子不幸過世時，我們不僅痛失愛子，也失去我們認為這個世界應該完美無瑕的理想信念。

一、流產、新生兒死亡

曾經，很少有人會對不幸遭逢流產的父母給予支持。甚至有種說法是：如果母親沒有看到過世的寶寶，就不會對寶寶有什麼感情，也不至於太悲傷。

如今我們已經明白這種想法有多離譜和錯誤。大多數女性都夢想過要生多少個孩子、孩子會長什麼樣子。即使是小時候，你也可能會想著要如何為未來的孩子命名。在懷孕期間，更強化了母親與未出世孩子的連結。

現在，我們能瞭解母親流產時的悲傷，但我們也必須承認，父親、手足、祖父母和其他親戚也會悲傷，所有準備慶祝孩子誕生的人都會同感哀悼。

兄弟姐妹，特別是年紀還小的幼童，可能對母親流產有著更複雜的悲傷反應。雖然他們對弟弟或妹妹的誕生感到興奮，但也會有些矛盾的情緒，對於未出世的手足將引起的關注和期待感到嫉妒，並擔心自己在家中的地位不再重要。然而一旦意外發生，年幼的孩子經常會胡思亂想，認為流產是他們壞心的願望和想法造成的。你得告訴他們，雖然他們的感受是自然而且正常的，但不論發生什麼事情，都不是他們的錯。

流產後，你可能必須做出的首要決定，就是你是否希望看看或抱抱你的寶寶，也有些醫院會提供照片、手印或腳印等紀念物品。流產議題先驅珍．尼克斯建議護理師「讓父母自行決定是否要看看或抱抱寶寶」，對於這點我很同意，因為每對父母的想法都會不同，這是很個人的決定。但我也建議醫護人員最好還是保留一些孩子的紀念品，例如手印或腳印，在剛失去寶寶的時候，父母或許還沒有做好心理準備要看到這些東西，但日後他們可能會改變主意，想要留做紀念。

二、失去獨生子女或所有的子女

一個孩子的殞落是項毀滅性的事件，但家中其他孩子仍在世，往往會讓父母強打起精神，覺得自己為了孩子必須繼續勇敢活下去。

如果失去的是獨生子女，或在遺傳疾病抑或意外事件中失去所有的孩子，這種情況是很可怕的。在這些情況下，你的二次失落涵蓋的層面會很廣，你失去未來擁有任何的孫子、女婿或媳婦的機會，也無法參加孩子畢業典禮等其他成長儀式的可能性。在父親節或母親節那天，沒有人會記得你。

這不是我們想像的未來。你不知道，當你不再有孩子時，你是否仍能自稱是母親或父親。

喪子之痛是複雜的。諮商和支持性團體可能會有所幫助。「慈悲之友」能處理所有與喪子有關的情況，「獨活」（Alive Alone, alivealone.org）或「悲傷網」（GriefNet, griefnet.org）則是協助失去獨生子女或所有孩子的狀況。

三、遭逢成年子女的身故

澳洲知名的兒童文學作家桑雅．哈奈特（Sonya Hartnett）曾這樣寫道：「如果他還只有十二歲的話，每個人都會明白我的悲傷。但為什麼他們現在不明白這種痛呢？即使他已經四十二歲了，他還是我的兒子啊！」

但凡經歷成年子女身故的父母，都會對桑雅的說法覺得心有戚戚焉。有人可能會同情仍在世的親人，例如孩子的配偶或其子女；但也有人認為，一旦孩子獨立或成年，父母和子女間就不再擁有強大的連結，子女成年身故的父母可能會被剝奪悲傷的權利。

一般而言，成年子女身故，往往是在父母年邁時發生。上了年紀的父母會經歷許多種失去，例如失去家人或朋友；或者哀悼無形的失落，例如因為身體健康的關係而無法再參加日常的活動或擔任某些角色。

成年子女身故時，父母會失去生活中關鍵的支持來源，一個可依賴的人。這個孩子可能之前會提供心靈、健康或甚至經濟上的支持。另外，你對孩子的成功可能會有一種投射性成就感（a sense of vicarious achievement），或是為孩子從未實現過重要目標產生深刻的悲傷。例如，桑雅感到悲痛，是因為她兒子再也無法看著自己的孩子長大成人，或是實現自我的晉升機會。成年子女身故也可能影響其他關係，與女婿／媳婦或孫子女的關係會改變，即使是家族活動此後也會有所不同。

你可能會產生使失落變得更複雜的失控感，因為你對葬禮或追悼儀式幾乎沒有掌控權，因此你可能希望找自己的朋友進行一項追思儀式。桑雅就這麼做了。她兒子在兩千英里外身亡，雖然她參加了葬禮，但她有些朋友卻無法參加。他們與她兒子非常熟稔，已經是他們生命中的一部分。對桑雅來說，他們與她一起哀悼孩子的過世並稱頌他的人生是很重要的。

即使孩子再大，在父母眼中永遠都還是小孩。「成年小孩」這個說法就點出了父母和成年孩子間的矛盾關係。身為父母，我們仍常為成年子女繼續提供建議。隨著年齡增長，成年子女也會逐漸有自己的想法和主見，因而產生親子衝突，甚至關係愈來愈疏離。這種情況也會使日後遭逢喪子之痛的感覺變得更複雜。

四、自殺或被殺

無論成年人、青少年，甚至年齡更小的兒童，孩子都可能因自殺、吸毒致死，又或因精神病、犯罪或幫派暴力等原因而喪生。這類的死亡會讓父母產生強烈的情緒，包括責怪、內疚和憤怒。研究顯示，處於這種情況的父母更可能罹患包括憂鬱症在內的身體和精神疾病，而部分原因是由於這些死亡常常被污名化，周遭親友可能會不公平地責怪父母，並認為：「這種事就不可能發生在我們身上，因為我們很了解自己的孩子。」因而使喪子的父母不敢表現出悲傷的情緒。

孩子死亡的打擊，令美滿的家庭破碎，帶來極大的傷痛，也會影響你與配偶、以及與其他孩子的關係。

一、對婚姻的影響

喪子不僅會影響你，也會影響你的配偶。但這並不表示你們會以同樣的方式悲傷。你不能、也不應該將你的反應與他人的反應相提並論。不同的悲傷表現方式，與你對孩子的愛或關心程度並無多大的關係。

孩子過世可能會使婚姻關係變得緊張，但有個極度錯誤的迷思是：許多夫婦會在喪子之後離婚。經歷喪慟的夫婦離婚率並不比一般人的離婚率高。孩子已然離世，但你們對他共有的愛依然存在。就如同度過其他關係危機所運用的技巧一樣，包括坦誠溝通、理解和相互尊重，都可以協助你們共度難關。

如前所述，人們有不同的悲傷風格。有些人是直覺型（感性）悲傷者，就像瑪拉所經歷過的悲傷，包括孤獨、悲傷、憤怒和內疚等一波波襲來的情緒。他們表達悲傷的方式，會反映出這些感覺，例如有時會失控狂哭。他們的情緒是鮮明的，別人一目了然，知道這類型的人何時會覺得憤怒或悲傷。

在這個悲傷體系的另一端是工具型（理性）悲傷者，他們的感覺往往安靜無聲，或者不像其他人的感覺明顯或容易被理解，有時甚至連當事人都不自知。這種悲傷比較會在想法中或是透過身體在生理上感受到，這類的人以實際行動表達自身悲傷會比較容易。例如，布萊恩的兒子過世時，他運用自己擅長籌辦活動的才能，舉辦一個週年追悼會，藉此找到慰藉。

大部分的人是處於這個悲傷體系之間，兼具兩端的特性。至於經常處於重大困境、面對挫折的人，可能會嘗試採取與本性不同的方式行事，例如他們會隱藏個人的情緒，避免掉淚，以免伴侶傷心。

你也必須覺察如何能讓自己從悲傷中復原。你覺得對自己有益的方式，未必會對你的另一半奏效。比方，瑪拉渴望能加入支持性團體，也需要有伴一起參加，於是她要求姐姐陪她同行，而姐姐也覺得參加這樣的團體很有幫助。

認清並尊重伴侶可能會以不同的方式表現悲傷，而且這些差異或許可以是夫妻彼此互補的優點。例如，瑪拉發現在失去孩子後，她的先生強打起精神，不讓自己意志消沉，並對其他子女扮演更積極的角色，而這樣做也確實能撫慰他的悲傷。這種情況對她來說則非常有幫助，因為她的悲傷常讓她疲累到完全不想做任何事。

此外，你也要針對你的疑慮與另一半進行溝通，像是你的悲傷會如何影響夫妻的關係，包括你們相互理解的能力、相互支持的方式，甚至親密的程度。伴侶關係可能會因為喪慟而改變，性關係便是其中一個層面。對某些人來說，性愛是提供感情和支持的一種方式，但對有些人而言，則是繁衍下一代的方式，而且可能會讓他們想起自己失去的事物。雖然性關係在喪慟之後可能會改變，但大多數父母在喪子後都能重新發現新的平衡方式。

二、對教養和其他手足的影響

你可能有其他跟你一樣正沉浸於悲傷的孩子。他們的悲傷會在許多不同的層面表現出來，包括在肢體、情緒、認知、行為和精神上。一些諸如悲傷或哭泣的反應，會被視為是憂傷；其他例如行為的變化、衝動的行為、興趣或成績的改變，可能不會馬上就被認為是來自同樣的影響。身為父母，你需要注意其他孩子處理失落時可能採用的方式，仔細觀察和坦誠溝通是非常重要的。如果孩子開始傷害自己或他人時，進行心理諮商會很有幫助。

經歷喪慟後，孩子們需要愛、關心和重建家庭結構（structure）。研究調查指出，預測悲傷影響孩童程度的最佳指標，就是家庭繼續運作的情況是否良好。但要在悲傷時兼顧教養職責是非常艱鉅的挑戰。對有些父母來說，其他孩子的存在是一種命脈，即使值此喪慟時刻也會提供有意義的生命延續。但對有些父母來說，這卻是一種額外的負擔，會使他們在悲傷之外還多了份壓力。

父母能為孩子做的最好事情，是確保自己在工作和家庭上都能獲得協助，不論是透過諮商，或向親友求助。

爸媽，你們忘了自己還有另一個孩子嗎？

沙伊的孿生兄弟史考特覺得他永遠都生活在沙伊的陰影中。他覺得在某種程度上，每一項成就最終都會歸功於沙伊，他對於不能讓父母將心思從他已故的雙胞胎兄弟身上轉移到自己身上感到很自責。他也覺得父母處處對他設限，不讓他移動曾與沙伊共用的臥室裡的東西。

在諮商中，史考特把鬱積在內心的不滿與苦痛統統宣洩出來，而治療師也幫助瑪拉和布萊恩了解，他們對於想念沙伊的行事做法已經太超過了，讓其他孩子覺得被邊緣化，進而反省其他的孩子也需要父母的關注。

三、別人對你孩子的影響

你失去了孩子，不僅會影響你的配偶和其他孩子，也會影響親戚朋友；你的父母失去了孫子；你的兄弟姐妹為侄女或侄子之死感到悲傷，還有鄰居、教練、老師和朋友全都一起經歷這種失落。

他們處理這種失落的方式，也會影響他們提供支持的能力。有些人可能會全力支持，分享他們對這個孩子所知道的故事，並且訴說自己的悲傷；但有些人可能會覺得這樣做太痛苦，進而退縮。

四、對單親、無監護權的父親或母親的影響

如果你身為單親，或無監護權的父親或母親，孩子的死亡對你可能會更複雜。你會獨自悲傷，無法與另一半共同面對傷痛。

如果你還有其他孩子，且是具有監護權的父親或母親，除了面對喪子，你還需要獨力撫養孩子。不但你的支持系統會比較有限，而且可能還會因為孩子過世而升高與其他孩子的衝突和交相指責。

然而，共同的失落可能也會開啟相互支持的機會。你需要特別照顧自己，並尋求支持，無論是透過自己的原生家庭和朋友，又或是諮商師或支持性團體等資源。

走過低潮，學會說再見

面對孩子的死亡，你無法讓事情從頭來過，也無法控制你的悲傷，那種悲傷是源自你對孩子感受到的依戀和關愛，在你心裡永遠會為那個孩子留一個空位。

但在悲傷中，有你能夠改變的事情。你可以選擇永遠躲在傷痛中生活，或是永遠保存你

對孩子的記憶。以後者的這種方式生活，將會是對你孩子的頌讚。

此外，悲傷會使人自我封閉，對外隔絕，因為它是極為個人的過程。你可以跟其他家長聊聊，這樣做可能不會讓你感覺更好，但也許會使你覺得比較不孤單。

一、善用儀式的力量

在遭逢喪子之痛初期，葬禮能導引人們宣洩悲傷，並為家人、朋友或範圍更廣的社群提供共聚並互相支持的機會。儀式也能喚起記憶，幫助你在逝者的人生中找到他們之所以存在的意義。

私下進行的葬禮儀式特別有療癒效果。你可以展示孩子的照片，無論他的人生有多麼短暫。如果你的孩子年紀較大，或許他的朋友可以擔任某個角色，例如扶靈、朗讀經文或詩歌，又或是對你孩子有重要意義的讀物。

多年前，我參加一位少女的葬禮，少女是在騎自行車時發生事故喪生。她的朋友們在葬禮中擔任領賓員和讀祭文者，少年合唱團和學校音樂劇合唱團都前來獻唱。這個紀念活動讓父母感受到，朋友和同學是多麼地愛他們的女兒。

你還可以進行私下的家庭儀式，例如在祭日週年點燃蠟燭；或是在耶誕節時買禮物紀念孩子，之後再將禮物捐給兒童之家。儀式能表達家庭成員內心深藏澎湃而強烈的失落感，也能藉此分享自身的回憶和悲傷。

二、面對法律訴訟

任何形式的失去都可能產生責任歸屬的問題，但在孩子喪命時更容易發生，可能是醫療疏失又或個人疏忽。有些個案亟待伸張正義，透過法律訴訟可以達到此一目的，讓不公不義的事獲得平反。但更多時候走法律途徑訴訟，可能是想要把某項無法控制的事情歸咎於某人，或是要為孩子的死尋找原因或意義。你需要弄清楚自己的動機和期望，並且明白訴訟是冗長、不確定和所費不貲的。在審理的過程中，也可能造成二度傷害，像是你會聽到與死亡有關的所有細節，被告也可能會企圖把責任推到你身上等。

總之，指責和控訴不會終結你的悲傷。但若訴訟結果能改變體制缺失或保障他人的安全，這樣的方式會令逝者的死亡具有意義，這就是提起訴訟的好理由。例如利亞姆的父母參與「母親反酒駕聯盟」（MADD），並積極遊說加強取締酒駕，以防止其他受害者像自己孩子一樣喪命。

三、承認喪慟的事實

一開始，喪子的震驚會使你與現實生活相隔絕，之後那種震驚和否認會漸漸淡去。接下來的葬禮儀式、接到弔唁卡和慰問電話，都是你不斷接受自己失落的過程，當你向他人或喪親支持性團體談及你的傷痛時，你會開始逐漸感受到全部的悲傷。漸漸地，你不再期望你的孩子回來，你的行為也開始逐漸適應新的現實情況，你不再往房間裡看孩子回家了沒。

你還可能很難回答一些簡單的問題，例如「你有幾個小孩？」這個問題沒有正確的答案。有些父母會回答「有三個，但死了一個」或「有兩個還活著」，有些父母會簡單地回答「兩個」，不希望在當下解釋。就憑你的直覺，採取你覺得自在的做法。

四、探索和表達情緒

當震驚消退時，你要對抗許多困難和複雜的情緒，例如孤獨、悲傷、渴望、內疚或憤怒。處理感受的第一步是承認它們的存在，這些情緒是悲傷過程中會自然產生的部分，你真的很難控制。所以，認清你的感受，是處理它們的第一步。

此外，也探索這些感覺，像是觸發這些情緒的情況和時機是什麼？你如何處理這些感覺？當你檢視自己的情緒時，你可能會發現，你是在要求自己為過去和現在都無法控制的事情負責。

有時候當我們真正檢視和面對困難的情緒時，它們會轉移和消退，比如內疚。身為父母，我們覺得要對孩子發生的所有事情負責。但是當你仔細檢視內疚感時，你會了解，你不必、也不能對孩子的死亡負責，你無法總是看到所有可能的後果、控制所有的行動，或保持完美的關係。當你檢視你的感受時，你可以學習原諒自己。

因為你孩子的死亡，可能也會讓你覺得世界並不安全，但你可以將恐懼和焦慮化為變革的力量。雷恩在他學校附近過馬路時不幸被車子撞死，他父母爭取學校設立交通導護人員，以防止更多孩童因同樣的意外而喪命，這是一種具有建設性的積極做法，能愛屋及烏地緩解他們對其他孩子在交通安全上也產生相同的焦慮。只是，也有很多遭逢同樣變故的父母會在孩子上學時，堅持他們時時刻刻都得待在自己的視線範圍內，而這樣做會妨礙孩子的發展和獨立。

五、適應失去孩子後的新生活

失去孩子後，你生活中的變化既深刻又微妙，家裡可能出奇地安靜。曾經具有意義的活動，例如一起享受下廚之樂或看電視等全家共享的休閒活動，已不再具有同樣的意義。

如果你的孩子是成年人而且有配偶或子女，你與女婿／媳婦和孫子女的關係可能也會受影響。或許你也想再見見孩子生前的好友，但如今他們已不再到家裡來了。

想想失去孩子後的生活，有哪些改變會是你面臨最大的難題，以及你如何以最適合自己的方式來適應。蕾西和馬丁失去了才剛學步的小女兒，每到黃昏時分，他們就格外難過，因為傍晚是女兒睡覺的時刻，他們會為她禱告，並幫她蓋好被子。一旦他們發覺這點後，便開始刻意與其他兩個年齡較大的孩子一起進行其他晚間的儀式。

送給自己「時間」這份禮物，凡事不要急著做決定，在這種憂傷的時刻，我們當然無法清楚思考。例如，可以先把孩子的玩具和物品歸位（如果這是你想要做的），而不是立即丟掉或者送給別人，待一段時間後，你會對於希望該丟或該留的物品慢慢釐清頭緒。

六、美好的記憶會永遠留存

死亡結束的只是生命，而不是關係，時間或死亡永遠不會打破那種連結。

你會一直保有你孩子的「內在表徵」（inner representation），也就是當孩子過世時，你會不斷意識到孩子當時的年齡，你會記得那是你孩子從學校畢業、舉行成年禮，或加入棒球隊的那一年。這個內在表徵是自然的，是你保留與孩子連結的一個例子。

Let it go！

記憶往往能撫慰人心，它們能確認你與逝去的孩子曾共享的生活和愛。有些回憶也可能是痛苦的，提醒你所經歷過的艱難、困擾或棘手的關係，但你也需要面對這些不堪回首的回憶，只有充分探索它們，才能真正了解它們，並找到解脫的方法。

布萊恩就被困在一個過往的記憶中。沙伊初罹患腦腫瘤時，曾是運動健將的他，開始在動作協調上遇到困難。有天沙伊在一場比賽的重要時刻錯失很容易便可接住的球，布萊恩對這樣的失誤非常憤怒，沙伊因此哭了起來。布萊恩對自己曾做過此事感到懊悔不已，之後他寫了封道歉信，並在沙伊的逝世週年紀念會上唸出來。

有些人可能會對你的悲傷感到不安，認為提到你的孩子只會使你心煩意亂，即使事過多年後依然如此，因此他們絕口不提。但這樣會妨礙你分享回憶，讓你的悲傷無處宣洩，你可能還會覺得別人已經忘了你的孩子。

還有一種情況是，你其他的孩子會覺得他們不如過世的孩子重要。瑪拉和布萊恩的女兒海瑟，看到父母為紀念沙伊所製作的個人化車牌「SHAY'S＃1」（沙伊第一）後問道，這代表她或哥哥就是排名第二或第三的意思嗎？

七、重建信仰

有時候，你的信仰可以在你悲傷時提供安慰或支持，但有時也會是相反的情況：它挑戰你的信仰，使你很難理解，世上怎麼可能會有慈愛的上帝存在，或認為這個世界根本就是不公平的。

即使你不是有神論者或有特定的宗教信仰，情況也可能如此。貝琳達和葛雷格都認為自己是不可知論者，宗教在他們的生活中並不重要。不過他們也認為世界是仁慈和公正的，如果一個人努力工作，合乎道德，並且懂得將心比心，一切就會順利。後來，他們人見人愛、悲天憫人、立志行醫的女兒到外地上大學，卻因腦膜炎而香消玉殞，這件憾事深深挑戰了那種世界美好的觀念。

伊安自稱是世俗的人文主義者。他的信仰核心是：每個人都有一個應該在自己和其他人身上培養的神聖火花。伊安實踐他的信仰，除了擔任某倡導團體律師的工作之外，也經常在街友收容所擔任志工。伊安認為那個工作是救贖性的。他經常僱用他在收容所認識的人幫忙處理家中的一些瑣事雜務，並且付給他們很好的工資，在用餐時間，也會邀請對方一起加入，並如同嘉賓般款待。伊安對他們以朋友相待，但其中一人卻殘酷地姦殺了伊安正值青春期的女兒。伊安幾年後前來諮商，他的評論是：「我已逐漸接受女兒往生的事實，但我還沒有和我相信的一切達成共識。」

有時候，看看別人如何與自己的信仰搏鬥也會有幫助。哈洛德．庫希納[1]在與年幼的兒子之死搏鬥時，寫了《當好人遇上壞事》（*When Bad Things Happens to Good People*）一書。這樣的作品提醒我們，失落會降臨在所有人身上，如果你感覺自己如同墜入悲哀的深淵，同時又希望自己能繼續前進並學會因應，那是很自然的事。

上帝為何允許壞事發生？

在哀悼的過程中，我們也需要學習重建因為失落而受到挑戰的信仰或哲學。

一位喪子的母親表示，她十幾歲的兒子在家族旅行中溺斃，之後她的牧師在這家人回來時和她在機場碰面。她一下飛機看到他，就把所有的憤怒和沮喪都發洩在他身上。

「你不敢跟我說上帝很慈愛了吧？」她怒氣沖沖地說。但對方只是擁抱她，

1 編註：Rabbi Harold Kushner，波士頓近郊納提克（Natick）以色列聖殿的桂冠拉比。於美國猶太教神學院被按立為拉比，及後於該院取得聖經博士，擁有六個榮譽博士學位。

回答：「現在，我也對祂很生氣。」她知道，她找到了一個在她的信仰掙扎中可以與她同在的人。

第七章

即使我們是成人，也會成為孤兒

傑瑪爾和他父親向來不親。對他父親最早的記憶，便始於雙方的衝突和爭論。無論傑瑪爾再怎麼努力，似乎都無法取悅他父親。

傑瑪爾的父親是運動員，認為兒子應該天生就有運動天分，然而傑瑪爾的體育成績清一色都是B，他父親對此非常失望。傑瑪爾的父母離婚後，父親長期處於缺席狀態，一旦偶爾出現時，父子倆很快就會爭吵不休。當傑瑪爾離家到其他州的大學就讀後，他們偶爾會在耶誕節短暫小聚，除此之外甚少聯絡。之後，傑瑪爾的婚禮邀請他父親和繼母參加，但並沒有對外正式介紹他們，這令他父親很生氣。

傑瑪爾的父親後來罹患胰腺癌。傑瑪爾盡了孝道到醫院探病，在父親從安寧病房返家時也提供一些照顧，但他們極少交談。父親對他說的最後一句話，是批評他把自己的兒子取名為「喬丹」。「我猜他只是想做最後的反擊。我問他，這個名字有什麼不好，他只是厭惡地轉過頭去，也許他覺得我應該用他的名字替孩子命名。」

儘管親子關係如此惡劣，但傑瑪爾對自己在父親過世後的悲傷感到很驚訝，並且自責沒有在他父親在世的最後幾年積極努力修復親情。

我第一次擔任悲傷諮商師時，有很多成年子女是在父親或母親去世時來找我，或是參加某個支持性團體，對此我感到很驚訝。我以為來的會是寡婦、喪子的父母，甚至失怙或失恃的小孩。但是在我自己也經歷雙親過世後，已不再對此感到驚訝。

父母離世會帶來的困難和挑戰，包括你可能需要安撫或協助仍在世的父親或母親，以及你的兄弟姐妹。或者，如果離世的是岳父母或公婆，你也需要安慰你的配偶。即使悲慟不已，你還是得養育自己的孩子。如果你像傑瑪爾的情況一樣，與父母的關係很糾結，你的悲傷也可能很複雜。

父母總是會留下遺緒。有些是有形的，像是物質或錢財上的遺產，但更重要的是無形的遺產。父母不可避免地會傳給後代的習慣、待人處世、價值觀和信仰。其中一些是正向的，在我們因應悲傷時能幫助我們。其他遺緒，比方說以傑瑪爾的情況來說，那可能是包袱，例如遺憾或是被貶低的自尊。即使失去雙親是幾乎每個人都會遭逢的失落，但我們從未完全準備好要面對父母的死亡以及對我們產生的影響。我們很難認清這個事實：即使我們是成人，也會成為孤兒。

當父母需要你的照顧

無論我們與父母的關係如何正面，一定都會隨著父母年事漸高而變得更複雜。領先群倫的老年學家（研究老化的學者）瑪格麗特．布倫克納博士（Dr. Margaret Blenkner）創造了「孝道成熟」[1]一詞，用以描述成年子女與年邁父母之間出現的新關係。

隨著父母逐漸老去，我們會了解到他們並非我們曾想像那樣了不起或超強的人物。我們會體認到他們也是有弱點、有需求的凡人，也了解到我們可以針對父母的照護問題承擔更多

1 編註：filial maturity，隨著父母年紀漸增，子女得開始接受父母將不再扮演可以一直照顧他們的角色，也瞭解照護父母的壓力會愈來愈大。

責任，進而產生危機意識。

孝道成熟的觀念，具體而微地捕捉到當父母年邁時會發生的微妙變化。有時我們會用「角色交換」（role reversal）這個術語，但這種說法其實並沒有掌握到複雜的現實情況。因為即使在我們照料父母時，他們也永遠不會成為我們的孩子，權力和控制層面依然存在。即使是在最好的親子關係中，也會有複雜和難以二分法的情況。即使父母為孩子能陪伴照顧他們而感到自豪和安慰，但對他們來說，要依靠孩子是很困難的。身為成年子女，我們心裡可能也很矛盾，既很驕傲自己能擔負責任，但同時又希望沒有這些多出來的惱人差事。

面對父母的老去

我達到孝道成熟的狀態，是大學研究生，當時我正準備回家過耶誕節假期。

我父親一向都顯得很沉著冷靜，對此我深感佩服。他是報社的發行部經理，會利用與編輯和記者間的關係，幫忙解決鄰居與讀者關於消費的糾紛及疑問。

我們家是在一樓，我姐姐全家則住在二樓。我母親每天早上都會去樓上，幫忙姐姐的三個女兒準備上學。有一天，我們聽到「砰」的一聲，我急忙跑去查看，發現我母親趴在樓梯下方，昏了過去。所幸她很快就恢復意識，我和我姐姐叫了救護車，但我父親情緒失控，非常恐慌和焦慮。我扶他到椅子上，試圖讓他冷靜下來。

那次的摔倒並不嚴重。我們發現母親的血糖很低，其實必須在上樓之前先吃點東西。但很重要的是，我了解到我父親並不是我一直認定的那個強而有力的人，而且如果母親出了什麼事，其實他極需充分的支持。

從此，我再也不是誰的小孩

久病、照護和死亡

經常有人問我，父母因為久病不癒或突發事件而過世，哪種喪慟會比較容易讓人釋懷。我理應知道答案，但我認為，這兩種狀況都很糟糕。我父親因癌症進行安寧醫療時過世。十年後，我母親從樓梯摔下，從此再也沒有恢復意識，之後便離世。

我父親因癌症復發並轉移到肝臟後，在家中過世。他年近八十，最初希望化療可以讓他多活幾年。但是幾個月後，醫療方式變成進行緩和療法，我們透過當地的臨終關懷機構安排居家照護。當時我年近八十歲的母親也相當虛弱，無法照顧父親。所幸我們家三個兄弟姐妹住得夠近，可以分擔照顧的責任。

有時候，如果只有一位手足能參與照護，這可能會產生問題，因為有些人會覺得只有自己肩負重擔並不公平，又或者照護父母的人和遠距離提供意見的兄弟姐妹爆發衝突。此外，要照護別人很難，但要接受照護同樣也很困難。幾乎沒有成年人會想要靠別人進行洗澡和如廁等最私密的行為，特別是得仰賴他們的孩子。有過這種照護或被照護經驗的人，一定都曾體會過在這種情況下的緊張氣氛。

在病情緩慢惡化的情況中，照護者和成年子女會覺得自己的生活處於停滯狀態，我們無法做任何規劃，因為不知道未來會變成什麼樣子，變數太大了。有些成年子女，則會被卡在奉養父母和其他的責任（如工作和家庭）之間。

照顧病人會讓照護者的身體疲憊不堪。我的父親就像許多末期病人一樣纏綿病榻，大多數的夜晚，他會叫醒我拿便盆給他或是幫忙做其他事。額外的照護工作和睡眠不足造成的壓力，可能會讓親子之間產生衝突，進而讓雙方產生罪惡感和遺憾。此外，當不同照護者之間發生衝突時，也會使這種情況雪上加霜。

我們家能夠實現我父親在家離世的願望，絕大部分要歸功於我們從臨終關懷機構得到的幫助。但許多成年子女需要面臨不可避免且必要的照護過渡期（care transition），例如將父母送進安養院，這樣做會讓子女覺得內疚。

當我開始對一些面臨照護問題的人們進行諮商時，我會要他們想想，居家照護在何時會對他們造成困難而無法繼續執行，要事先設定自己的底線。我這樣做有三個目的，首先，這可以幫助他們承認，有時候居家照護的確是很困難的。第二，能了解哪些情況可能會造成難以克服的負擔。最後，是要讓他們了解，大多數人所做的其實都會超出自身的能力範圍，他們應該覺得自豪，而非挫敗。

我也想強調，即使你將父母安置在安養機構裡，你仍然是照護者，而這個照護的角色現在正為了父母能繼續活下去的權利而努力著。

大小便失禁或無法行動，增加了照護者的負擔。失智症也是如此。要把失智症患者與我們曾經愛過的那個人做連結可能會很困難。照護的負擔過重，過程中幾乎沒有快樂可言。照護者沒有機會回憶往日比較美好的時光，或因無盡的辛勞而獲得感謝。過往與雙親的關係良好與否，也決定照護負擔的程度。例如傑瑪爾很討厭照顧他父親，他懷疑自己為什麼要從家庭和工作中抽出時間，去照顧一個從小就不斷責罵他的父親。

除了照護之外，你還需要與醫生、其他醫療專業人員、醫療機構和保險公司進行協商。當患者、家屬和醫療人員在照護目標上未達成共識時，這個問題可能很複雜。

我父親接受安寧照護時，腫瘤科醫生和放射科醫生都建議進行另一輪治療。我問放射科醫生，這種做法對緩和病情有何幫助，放射科醫生表示這可能會縮小導致我父親不適的脊髓腫瘤。但腫瘤科醫生則無法確切做出說明，他只回答：「如果是我父親，我就會做這樣的決定。」由於無法獲得具體的保證，最後我們選擇不為父親進行這項化療。

雖然我父親和全家人討論後都一致同意這樣的選擇，但無論是與照護有關的決定，或是不繼續做積極治療，又或放棄治療等臨終道德的困境，這類的協商都可能在家庭中造成衝突和不快。甚至在你做了能使父母感到舒適和獲得妥善照顧的所有事情時，討論的過程中也難以避免爭執。這些曾發生的所有經歷都會使我們的悲傷更複雜。

當你看到所愛之人漸漸衰弱時，你會為你所目睹的每一種失能（包括無法行走、喪失意識或失去記憶）而悲傷。隨著死亡逼近，你會因為矛盾的心情而左右為難，你希望能平靜地放手，或希望父母親能恢復昔日的模樣，又或但願就和臨終者永遠停留在這一刻，也可能只想要這一切趕快結束，這樣你才能繼續過你的生活。

為親人久病過世而悲傷，或為親人猝死而心碎，這兩者的哀痛程度並沒有太大的差別。即使是因慢性疾病逝去，死亡也可能看似突然或真的很突然，也許最後的衰退也會比預期快得多。許多年紀較大的父母患有多種難以預測死期究竟何時會來臨的慢性病，由於衰退是漫長而緩慢的進程，我們可能會假設他可以撐到感恩節、生日，或是某位親戚返家時。然而，雙親生病時間的長短或存活率的多寡，都不會讓我們對他們的離世有更多或更好的心理準備。

當父親或母親猝逝時

猝逝的原因包括意外事故、自殺、凶殺、心臟病發作、中風或其他急性疾病，每個原因都可能有複雜的因素。

驟然失去某人會引發震驚、難以置信和不真實的感覺，我們會很難相信，前一天看起來還好端端的人，現在竟已過世，但這些感覺會在我們經歷悲傷時慢慢減弱。突發性的創傷性死亡[2]也會使人害怕和焦慮，覺得世界似乎已不再是可預測或安全的。尚未完成的事也會使悲傷夾雜了內疚，像是我們沒有機會與逝者道別，或對自己曾有的舉動感到後悔。

甚至在死亡突然來臨前，我們還要為臨終前的各種倫理問題搏鬥。我母親因跌倒失去意識被送往醫院時，我們原本希望她大腦的腫脹一減輕就能恢復意識，甚至完全復原。她被戴上人工呼吸器，幾天後，我們知道期望落空，她不可能恢復了。我們陷入天人交戰，不知道是否該摘除她的呼吸器，後來決定再給她一天的時間。不幸中的大幸是，在我們需要做出決定的幾個小時內她就過世了。

巨變後的失落與哀愁

這是多數人首次的悲傷之旅

對許多人來說，父母的過世是我們第一次經歷重大的悲傷。

你與父母的關係將是決定你悲傷程度的一個重大因素。對妮娜來說，她母親是她的至交和知己，她們每天要聊天數次。妮娜也仰賴母親給她的所有建議，包括孩子、丈夫、烹飪等各方面。她母親的死，在她的生命中留下巨大的空虛感，那是連丈夫和孩子都無法填補的孤獨。在有些例子中，例如傑瑪爾的情況，父親或母親的過世讓他再也沒有機會解決既有的複雜、矛盾關係。這時，內疚和憤怒會占上風。

如同其他的喪慟，你要先了解，這項關係對你有何意義、你究竟失去了什麼，這樣你才能識別並了解你所經歷的情緒。接下來，你可以決定該如何處理這些情緒。妮娜發現，她最孤單的時刻，是獨自一人做家事的時候，所以在這段時間，她打電話給她的姐妹分享回憶，推測母親對她們生活中的事情可能會有什麼看法。傑瑪爾則發現，與童年的朋友分享他的反應會很有幫助，還有，打場激烈的籃球賽也能平息他的怒氣。

你可能還會有各式各樣的身體反應會伴隨悲傷發生，例如空腹感或胃痛。你也會發現很

2 編註：traumatic death，指遭遇車禍、墜樓、中槍等突發性傷害致死的情況。

難集中注意力或正常思考。你甚至會一度以為你的父親或母親還在世，而想跟他們聯絡。在蓋莉的母親去世幾個月後，她發現自己想打電話問媽媽一個問題，待拿起話筒時，才想到母親已不在人世。

或許你也會對悲傷過程的漫長感到震驚。有些未經歷過重大失落的人，以為自己在葬禮過後就會不再悲傷，但事情並非如此簡單，經歷悲傷的過程包含許多情緒起伏。在某些時候，悲傷是劇烈的，而在其他時候，你可能又應付得很好。許多看似枝微末節的瑣事，例如兄弟姐妹打電話來，或是偶爾瞥見一張照片，都可能會讓你悲從中來，如今你的人生行至從未造訪過的陌生之處。

「人難免一死」的認知

只是抽象地知道「人終將一死」，與親身體驗到「總有一天，我也會死」之間有很大的差距。我的部分工作就是讓人們意識到我們遲早都會面臨死亡這個議題。

對大多數人來說，體悟到凡人皆有一死，多半是從中年的某個時候開始。下面四種想法會讓我們產生這種覺知。

第一，我們不再能想像「將自己年齡加倍」後的生活，而會提醒自己人生有限。例如，當我二十五歲時，我可以合理地推想我五十歲時會過什麼樣的日子。然而一旦邁入五十大關，要想像一百歲的人生就變得困難了！

第二，隨著年齡漸增，我們會意識到年紀所產生的局限性。像是到了四十多歲，大多數的人就得開始戴起老花眼鏡，我們也會深切體認到自己不再具有以前曾經擁有的活力。

第三，我們可能會經歷朋友離世，死亡的原因不是意外或自殺，而是疾病，這會增加我們對於身而為人的無力與脆弱感。

第四，這一點或許是對死亡意識最重要的認識：人到中年後，我們的父母離死亡就更近了。只要父母健在，我們就會覺得自己很安全，無論這種感覺有多不牢靠。父母比自己早一步離世，符合了這世上所有事物生老病死的自然規律。

這種死亡意識有積極面也有消極面。當我們意識到自己難逃一死時，可能會增加對死亡的焦慮感。這或許可以解釋，我們中年時對死亡產生的焦慮，會比年老時更嚴重。我們會更積極地為死亡預做準備，例如擬定遺囑等。我們也會更關注自身健康，並定期做健康檢查。我們還可能開始關心靈性層面，探究死後的世界。

死亡意識在某種程度上也可以提升我們的生活層次。我們可以理解人生的短暫，開始培養我們重視的情誼，並且擺脫那些令人不快的人際關係。

我們也可能在生活中找到新的熱情。對傑瑪爾來說，他父親的過世強化了他與兒子建立正向關係的渴望。傑瑪爾意識到自己的生命有限，他會積極地與兒子分享經驗，並共同參與活動。

總之，父親或母親的離世，很可能會改變你對死亡和生命的定義。

下一個就是你！

有位朋友說了一則故事。

他們家族為父母輩最後一位離世的親屬舉辦葬禮，所有的親戚都說，家族團聚的唯一時機似乎就是在葬禮，從現在開始應該要安排家庭聚會。

就在這時，我朋友八歲的兒子高聲說道：「下次的葬禮就會輪到你們其中之一。」

家族成員間的關係改變了

家庭是個系統，無論它們是否完全運作。家庭成員扮演的角色、親屬之間的互動，以及他們對彼此的行為方式，全都相互配合。當我們刪除其中一部分（即家庭中的某個成員）時，那個系統就必須改變和調整。所以當父親或母親去世時，我們會發現家庭中的所有關係都變得不一樣了。

一、仍健在的父親或母親

尚在人世的父親或母親必須適應失去另一半的事實，並經歷許多個人的改變。有些人可能會變得更獨立，發現自己從不知道的優點；有些人可能因為喪慟而手足無措，不知道該如何表現悲傷，而這些變化也都會影響你。你會擔心父親或母親該如何因應這種逝去，還有他們的健康狀況。像是：他們會記得按時服藥嗎？他們是胖了還是變瘦很多？是否有憂鬱症的跡象？母親有起床嗎？或者這個曾經一絲不苟的人如今似乎蓬頭垢面，又或是家裡變得凌亂不堪？

有時候，問題可能是出在你身上。法蘭克的母親潔若琳過去五年都在照顧他父親，而且十分盡責，法蘭克對此相當佩服。然而，在她丈夫去世的幾個月後，她以法蘭克從未見過的方式生活著。她在一群老年人間變得很活躍，也參加旅遊活動。在她七十五歲生日派對上，他母親還和一些男性朋友調情。法蘭克對此感到很憤怒，他覺得母親對父親不忠。雖然他的兄弟姐妹能接受這點，甚至為母親展開新生活而感到欣喜。在進行諮商時，法蘭克了解到，在他心中，母親應該處於某種永久哀悼的狀態，然而這不僅不切實際，而且也不夠厚道。

你可能需要對父母承擔起新角色。當我父親去世後，改由我妹妹負責支付帳單，這向來是父親還在世時的任務。有人也會發現，父母可能愈來愈需要關懷，甚至得協助他們處理每一個大大小小的問題。雖然你希望能幫忙，並且盡可能陪在他們身邊，但你也必須意識到自己的局限性。如果父母真的需要仰賴他人，你不需要獨力承擔。看看你家人及社區資源可以提供什麼協助。你也可以尋求照管員（care manager）之類的專業人員協助，這些人既可以評估年邁父母的需求，也可以讓你接觸到能予以協助的各種服務。

二、你與仍健在的父親或母親

你與仍然健在的父親或母親關係可能會變得更密切。我父親去世後，我很喜歡聽我母親說他們倆的愛情故事，我父親要是在世，聽了一定會覺得很尷尬。他們在高中就開始交往，當時我父親成績優異，我母親擔心她博學多聞的男友聽到她歷史分數那麼差時一定會跟她分手。但我父親發現後，只是笑了笑，並告訴她，他不在乎她的歷史成績是多少，也不想和她一起讀歷史；他只想和她一起創造歷史。這些小故事讓我對我父母有新的認識，也與母親產生一種新的親密感。

另一方面，失怙或失恃可能導致你與仍然健在的父母疏遠。你會發現自己處理的不僅是失親的單一失落，還有其他關係也隨喪親而淡化或失去的雙重失落。例如，已故的父親或母親在生前是擔任緩衝的角色，使親子間的關係維持平順。但一旦居中協調的人去世後，另一位在世的親人與孩子間的關係就會變得疏遠。

在某些情況下，悲傷的壓力可能會使緊張加劇和引發衝突。即使每個人面臨的失去相同，我們也都會各自以自己的方式處理悲傷。有時我們的應付方式，可能對另一個人沒有意義，或甚至與對方的觀點相衝突。例如，有些人可能希望避免與人交談，有些人則希望能分享回憶。然而無論以何種方式應付喪慟，悲傷都會產生壓力。當我們面臨壓力時，很容易就會對周遭的人發洩。當父親或母親去世時，這種情況就經常出現在仍健在的父或母與孩子之間，而這會是親子對峙和疏離的根源。

三、你與兄弟姊妹的關係

你與兄弟姐妹的關係也可能改變。在某些情況中，你們共同的悲傷和經歷可能會讓彼此的關係變得更緊密。分擔仍健在的父母的照護職責，可以增加溝通的機會，形成更強大的關係。

但同樣的因素也會增加衝突。你和兄弟姐妹對事情可能有不同的反應和處理方式，這會導致誤解和溝通不良。即使你原本就預期會失去父親或母親，但你還是會感到悲傷，而悲傷和照護會產生壓力，在充滿壓力的情況中，照護者很容易會抨擊最親近的人。對於被認為是關鍵人物或是幫忙較少的兄弟姐妹，照護者可能會憎恨對方。如果在父母過世之前，與兄弟姐妹的關係不好，這種失落可能會使衝突加劇。

四、你與配偶的關係

你可能會從配偶身上獲得支持，並發現新的領悟，因為你開始意識到自己生命有限。

傑瑪爾就發現他與妻子艾莉莎的關係變得更緊密了。當傑瑪爾向艾莉莎訴說自己的悲傷以及與父親的抗爭時，她表達了支持。她不但因此對傑瑪爾有了更深入的了解，並且對他從未如此表達出內心的感受而深深感動。艾莉莎也明白他對自己孩子做出的承諾與保證，這樣他就不會重蹈他父親的覆轍。

但有時候，與配偶關係的變化可能沒有那麼正向。照顧父母的緊張和壓力可能會造成與另一半之間的衝突，畢竟要兼顧父母以及配偶、孩子的需求會很困難。儘管有些配偶會對伴侶的悲傷表示支持，但有些人可能會對你的反應以及悲傷的強度和持久感到不耐煩，尤其是如果他們沒有經歷過失去，又或是對失落有不同的因應方式時更是如此。你自己對這個問題可能也要負一些責任，也許你對失去或是對缺乏支持產生的怒氣，使得你暴躁易怒而不自知。

五、孩子與祖父母

有些情況也許是因為相距遙遠，又或者祖父母與父母的關係不好，有些孩子與祖父母並不親。

但如果你的父母是疼愛孫子，並且是居中調停你與孩子衝突的祖父母，那麼你的孩子肯定會因為失去祖父母而需要療傷止痛。失去他們，可能會大幅改變你與孩子的互動和關係。

孩子們也可能憎惡你花在照顧父母上的時間和心力。他們對死亡可能充滿矛盾：雖然失去祖父母，卻很高興再次受到父母的關注。或者，他們會變得焦慮，因為他們試圖了解你的悲傷，不過看到昔日「強勢」的父母變得淚眼汪汪，他們可能因此受到驚嚇。

六、其他人

父母的過世可能會使你與延伸至家族中的其他成員關係變得沒那麼緊密。你可能會與支持你的朋友更接近，並且與那些在你面臨悲傷時似乎不太有耐心的人更疏遠。

當然，也有些人在他們的任何關係中可能都沒有經歷什麼變化。你的家人和朋友可能會如你的預期和需要提供支持，或者你自己擁有不錯的復原能力。對許多人而言，不論父母的過世帶來多少痛苦，都是意料中事。我們會發現，工作和家庭責任既能撫慰我們，也能使我們不致被悲傷壓垮。

直到父母過世，我們才算真正成年

有一個名詞「成年孤兒」，是指在成年後失去爸／媽的意思。也有人認為，不論我們年齡多大，直到父母過世，我們才算真正成年。

的確，只要你的父母還健在，他們會繼續在你的生活中產生影響力。你可以將父母視為無條件的愛與安全的源泉，原生家庭仍然是你最後的避難所，他們也是你的啦啦隊，為你的每項成就感到自豪，你也期望能從他們那裡獲得認可和建議。

當你父母過世時，它會形成一股成長的推力（development push）。我們現在已然成為家族中最年長的一代，通常不會再有人可讓你依靠。當你變得更自主、更成熟時，你會需要承擔新的責任。

父母雙亡的父母、失去父或母的父母

大約有十分之一的祖父母有相當程度地參與了孫子女的教養過程，像是照顧孫兒、提供經濟上的支援，有時甚至還肩負臨時或永久監護權的重責大任。

除了這些在時間和金錢上的具體付出外，祖父母也會提供相當多過來人的建議。在我們為人父母時，這項強而有力的無形資產非常重要。像是你可能會擔心小孩到了一定的歲數還不會走路，但長輩的經驗之談總能讓人放下心中的大石：「你以前也是到十三個月大才會走路。放心吧，每個孩子都不一樣。」無論你的孩子是十一個月大還是十一歲，父母都能提供他們的教養經驗供你參考。

遭逢成年喪親之痛的你，看看自己是否有辦法填補內心的空虛與生活的空白。有誰可以提供你諮商和建議？有人會願意陪你一起走過嗎？那個人或許無法代替現在已被死亡改變的連結，但可能有助於填補那個關鍵的缺憾空間。

我會和早逝的父親一樣早死嗎？

祖父母也會參與孫兒人生中重要里程碑的活動，例如你的孩子從幼兒園或大學畢業的時候。光是和跟你一樣疼愛孩子的人分享日常的悲喜，就有特別之處。

所以，要當個沒有父母做後盾的家長是很辛苦的。帕維爾就有過這樣的經驗。他父親在四十七歲時撒手人寰，當時帕維爾唸大四。當帕維爾的女兒快大學畢業時，他開始焦慮不安。在接受諮商時，帕維爾了解到，父親英年早逝的事情一直困擾著他：他擔心自己等不到孩子大學畢業就會過世。

二次失落

父親或母親過世，又或父母雙亡，都可能導致你與家庭其他成員的疏遠，或是產生新的親密關係。

父母是家庭中的核心元素。我們會全家團聚慶祝假期、生日和週年紀念，會回到父母家聚會。我們也會為了因應父母的需求，尤其是在他們年邁時，與兄弟姐妹進行溝通。

父母雙亡時，會產生世代的轉變，重心轉移到我們現在所建立的家庭世代上，我們成為了最年長的世代。

當我母親，亦即我們家中最後的家長去世時，我的兄弟姐妹和我都體認到關係的正常轉變。我們做了兩件事來維護家族的身分認同和團結：我們決定在母親生日即將到來的週六舉辦一年一度的家庭聚會。我們的孩子也會每隔幾個月就舉辦堂表兄弟之夜。這種努力可以預防整個家庭體系產生更大的失落感。

繼承與法律事項

在父母相繼離世後，這會是公布遺囑和分配遺產的時候。我們經常聽到一些不可置信的真實故事，充滿無可避免的衝突，進而讓家人間的關係破裂。

根據我的研究發現，會產生衝突的唯一真正預測指標，不是遺產的多寡，又或是否有預立遺囑，而是家人間的關係與相處、溝通方式。家族若是關係密切，而且也具有解決衝突的能力，遺產分配幾乎沒有任何困難。那些曾發生過紛爭的家庭，這時只是又多了一個爭吵的理由。

我的研究中有兩例軼事就充分說明了這點。在第一個個案中，有兩兄弟始終不合，吵吵鬧鬧。在他們的母親過世後，留下大約一萬美元的遺產，但母親在生前曾給弟弟兩千美金，這是贈予還是借款？很難認定。兩兄弟經濟狀況都很穩定。如果是借款，那麼哥哥會得到六千美元，弟弟則會拿到四千美元。但若是贈予，他們就會各自繼承五千美元。結果，為了此事他們告上法院，律師訴訟費就高達七千美元，但兩人都認為這錢花得很值得。

第二個個案則截然不同。在這個個案中，父親過世了，留下超過兩百萬美元的資產給七名子女，但他沒有留下遺囑。這個家庭向來關係親密，遇到問題都會透過家庭會議商討並解決。後來，長子將所有七名成年的兄弟姊妹聚集在老家，他將父親之前曾給予一些孩子的贈禮列出清單，包括：每個孩子或孫子結婚時給兩萬五千美元，每個孩子首購房子時給五萬美元，每個孫子上大學時每年補貼一萬美元等。在這個清單上，也註明誰已經「先收款」，誰仍然「被欠款」。接著，他建議遺產比照這樣的方式分配，而身為長子，他和他的孩子之前已收到這些資金的大部分，所以遺產中就扣除他們已經收到的金額。眾人迅速達成共識，也支持他的想法。不過還有另外兩項提議：一定要提撥特定金額的錢，用於他們父親一直主張的全家度假上。另外是還要保留一千美元，這樣當晚他們就可以享受一頓美味豐盛的晚餐。

我得到的研究結論很簡單：花更少的時間來搞定遺產；花更多的時間在鞏固家庭。

除了遺產之外，還有遺物的分配問題。誰能得到鋼琴或父親的車子，又或是手錶？運作良好的家庭，會以幾乎不會造成衝突的方式解決這類的問題。例如，由兄弟姐妹輪流選擇，或是先暫時不做處理，視日後增值的狀況再做決定。也可以商請具有威信的親戚擔任調解者。

在這項研究中，我也提出一個問題：家族成員會因為父母過世拿到遺產而感到內疚嗎？結果是，大多數人並沒有這樣的感覺。他們把所有的遺贈都看作是父母表達關心的方式，以及他們給予的最後贈禮。

第八章 當我的兄弟姊妹走了……

卡蜜拉說：「每個人總是問我，他的妻兒還好嗎，但卻沒有人問我過得好不好。我認識他最久，從他出生的那一刻開始就認識了，有四十九年了耶！」

卡蜜拉的弟弟東尼因心臟病突發過世，享年四十九歲。一家之主的猝逝摧毀了他的家庭。東尼留下三個孩子，最大的才十四歲。他妻子安瑪麗得獨力撫養孩子，不論在經濟上和心理上都很辛苦。

卡蜜拉盡一切努力幫助安瑪麗和她的侄子，並陪伴他們，但她對於別人忽視她的失落感覺得很生氣。東尼在卡蜜拉五歲時出生，而他出生後不久，他們的母親便罹患多發性硬化症，卡蜜拉小時候就成了東尼的第二個母親，但她對此事從無怨言。她曾開玩笑說，她比別的女孩幸運，因為她有個真的會走路、說話，還會尿尿的真人娃娃。

卡蜜拉和東尼很親。卡蜜拉離婚了，她沒有小孩，平時就專注於教職工作。她的侄子們是他們的外婆作為代理孕母所生下的。在東尼去世前，乃至於逝後，她和弟媳安瑪麗及他們一家人感情都很好。

東尼去世兩年後，安瑪麗在一個支持性團體中認識了年輕的鰥夫比爾，孩子們也喜歡他。但卡蜜拉對弟媳與這個男人的關係愈來愈密切這件事覺得心裡很矛盾，她擔心比爾會取代東尼的地位，尤其是東尼去世時，她侄子菲爾才四歲。

卡蜜拉覺得沒有人認可她難以抹滅的悲傷或擔憂，她覺得非常孤單。

手足之情是一輩子的事

如果有人去世，人們都會安慰死者的親人，只是他們的注意力大多放在死者的父母或配偶及小孩身上。他們會問死者的兄弟姊妹：「你爸媽怎麼樣？還好嗎？」但也許很少人會問：「那『你』呢？還好嗎？」

其實逝者的兄弟姊妹也需要安慰，不過人們通常都忽略了他們。這種情況在所有手足已是成年人的情況下更是明顯。

如果卡蜜拉是在十四歲，而東尼是九歲時遭逢意外變故，不但每個人都會承認她的失落，學校也會關注她的成績，心理輔導室也會建議她與治療師諮商，或參加某個悲傷支持性團體、夏令營，在那裡，她可以和同年齡的孩子分享她的故事。

然而身為成年人，卡蜜拉幾乎是獨自悲傷著。對她而言，東尼是弟弟、孩子、同儕和被保護者，他們倆更擁有長達四十九年的血緣關係啊。

你可能比其他人都更長久、也更深切了解你的兄弟姊妹。在父母過世後，他們可能還會健在。在你認識另一半或有了孩子之前，你就認識他們，並與他們一起長大。

手足關係是獨一無二的。你們是親屬，但沒有那些上下階級、尊卑關係存在，卡蜜拉就是個例證。雖然她經常對弟弟扮演照顧者的角色，但他們也是同儕，彼此一起歡笑和分享祕密。雖然他們很親近，但有時候也會打架。卡蜜拉的右腳踝上現在還有個小疤痕，就是當年八歲的弟弟在生氣時用雪橇撞姐姐的證明。

手足是大多數人一生中最長的一段關係，也是我們身分的一部分。在某種程度上，在家中的排行、性別、年齡差異（無論是差兩歲或十歲）等因素，都會影響我們的發展。在東尼還小的時候，有些對卡蜜拉有好感的男生，會讓他一起加入玩遊戲的行列中。他經常開玩笑說，這樣的「厚待」不但讓他在自己的朋友圈中頗有面子，這份自信直到長大後仍繼續維持著。

你也與手足分享獨特的感覺和回憶，例如在家庭旅遊的愉快記憶，或是奶奶做的肉桂吐司的味道，又或是汽車在暴風雪中故障拋錨的時刻。你還可以問問你的兄弟姊妹們是否記得這些事，那些細節跟你印象中又是否一樣，這些回憶會確認你們共有的連結。一旦他們有人不幸過世，可能就再也沒有人能與你分享或驗證這些時刻。

失去從小一起長大的手足

當某個手足在成年過世時，很少有人會承認你的失落。在社會學家派翠希亞・羅布森（Patricia Robson）和東尼・沃特（Tony Walter）所謂的「悲傷階層」（the hierarchy of grief）中，身為逝者的兄弟姊妹的你地位較低。如果你的手足已婚或是有伴侶，那個人和孩子有最先要求支持的權利。如果你的父母還健在，他們的悲傷也會被認可。

但一般人會期望你能將悲傷擱置一旁，並為尚在人世的手足的配偶、侄子和侄女以及父母提供支持。你也不太可能收到弔唁卡。

手足是資產還是負債？

當然，會影響你悲傷反應的因素之一，是你與手足的關係。海倫．羅珊（Helen Rosen）博士指出手足關係有兩個不同的層面，一個是社會層面，也就是手足之間有多少互動，包括親近（互動非常頻繁）和疏遠（很少聯繫）。另一個層面則比較偏向情感面，是指手足之間非常友好（會共享親密關係），又或是敵對（疏離或高度衝突）的狀態。

對卡蜜拉和東尼來說，他們姊弟倆的關係是溫馨而親密的，也喜歡彼此的陪伴。東尼的家人就是卡蜜拉的家人。

既親密又敵對的關係，會是手足頻繁互動但又經常造成衝突的原因，這是蘭登和拉森的情況。他們只差兩歲，從小吵到大。隨著年紀漸長，他們年輕時常見的肢體衝突變成口角爭執，不變的是兩人永遠沒有意見一致的時候。每次家庭聚會或討論時總是瀰漫著緊張不安的氣氛，家庭中的其他成員也得努力讓這兩人保持相安無事。

坎蒂絲和譚雅這對姊妹的關係則是敵對而疏遠的。自從在成年後大吵一架，兩人多半避不見面。雖然她們在甚少舉行的家庭聚會中會維持表面上的禮貌，但有時也會有擦槍走火、針鋒相對的時刻。

手足之間也可以溫馨但疏遠。丹尼斯在妹妹黛安過世前，與她有很好的兄妹關係，但是生活將他們帶往截然不同的方向。黛安與派駐在亞洲的一名領事館官員結婚，丹尼斯則是獨力撫養兩個孩子的鰥夫。他經常想到妹妹，也很懷念兩人之前的互動。

當你失去相隔遙遠但對你非常重要的人時，其他人會認為你們其實很少見到對方，因而誤以為雙方並沒有強烈的依戀。

同父異母、同母異父的手足過世

如果手足是異父或異母的兄弟姐妹，這種被剝奪權利的悲傷可能會格外深刻。也許有人覺得，對方不是你「真的」兄弟姐妹，這種感覺會進一步減少你獲得的支持。但事實可能是：不論用何種方式描述這種關係，這個人對你而言的確是兄弟或姐妹、同伴和朋友。

你需要讓自己有悲傷的權利。你失去一位手足，除了失去或許是你一生中最長久的關係之外，還會經歷許多二次失落。現在沒有人可以與你分享這些特別的回憶，或者認同你的感受。失去手足也可能會改變假期或家庭活動的意義，這也提醒你，家人的人數正在減少，以及自己終會一死。

你可以做些能讓你表達悲傷的事情。例如，卡蜜拉創造了屬於她自己的簡單儀式。每年東尼生日時，她會在他們受洗的教堂裡點一根蠟燭，然後到一間小披薩店獨自享用安靜的晚餐。那間店是他們從小就會去的地方，很有紀念意義。

如果你需要支持與陪伴，「慈悲之友」（Compassionate Friends）可以為成年人提供手足支持團體，「悲傷網」（GriefNet）則是另一個網路支持性團體。

當其中一個雙胞胎過世

雙胞胎之間可以有很多不同的方式保持密不可分的關係。當他們長大後，可能會有一樣的裝扮，就讀同一班，有共同的朋友。他們可能默契好到可以接下去說對方沒講完的話。他們的關係也可能是極其親密而溫馨的。

娜莉姐在她的同卵雙胞胎姐姐過世後，向我尋求諮商。她談到失去與她摯愛的雙胞胎姐姐長久、強烈且非常特殊的關係時，還說了件至今仍令我難忘的事情。「當我朝棺木裡看時，就像看著一面鏡子。」至今她仍因此而做惡夢。

此外，她還談到與姐姐之間的神祕連結。「有時候我覺得甚至可以感受到她的痛苦。她在醫院過世的那一刻，我突然從睡夢中醒來，後來發現那正是她離去的時候。」娜莉姐覺得失去了自己的一部分，她和姐姐之間那種連結的親密和強度是永遠不能被替代的。

有些雙胞胎雖然沒有那麼親近，但仍擁有相互依存的關係。這些雙胞胎依賴對方提供建議和協助，其中一人的優勢能補償另一人的弱點。

有些雙胞胎可能是透過彼此的差異來定義自己。「他是運動員，而我是學生。」「她是循規蹈矩的那個，而我是叛逆的那個。」在此，定義他們的是「差異性」。這些人對身為雙胞胎，以及對與雙胞胎手足的關係感到矛盾。當雙胞胎具有高度的競爭關係，希望能不斷超越另一方時，也可能存在這種矛盾心理。

有些雙胞胎會對彼此的關係冷處理，認為自己與一般的兄弟姊妹並沒有什麼不同。雙胞胎的尼克就認為：「法蘭基和我都不太在乎我們是雙胞胎這件事。我們只是共享同一個生日的兄弟。」

當雙胞胎其中之一過世時，會讓我們對死亡這件事更加敏感。尤其是同卵雙胞胎擁有相同的基因，所以當你的手足過世時，會令人對自己的健康和死亡更加擔憂。娜莉妲的姐姐因子宮頸癌過世，因此娜莉妲更加注意自己的身體，每隔半年就會做健康檢查，也固定進行癌症篩檢。

在此介紹一個專為失去手足的雙胞胎所設立的專門支持性團體，是「失去雙胞胎手足的雙胞胎」（Twinless Twins, twinlesstwins.org）。

素未謀面的手足過世

艾迪的哥哥在艾迪出生兩年前便去世了。雖然艾迪從沒見過哥哥，卻一直活在他的陰影裡。艾迪一直被拿來和他哥哥相比，他父母也因為之前兒子的過世而更加保護他。艾迪想知道，自己究竟是不是只是個替代品，或是用來平復父母的傷痛。

在你出生前或是處於襁褓階段，又或是在你小時候就過世的哥哥或姐姐，這樣的死亡會在許多方面影響你，這個人也在你的人生中占有重要的位置。首先，你可能會在一個持續悲傷或永遠抑鬱的家庭氣氛中長大。對艾迪來說，假期一點都不快樂。「我們會裝裝樣子，準備禮物、聖誕襪和晚餐，但其實根本就沒有歡樂的感覺，我們只想趕快結束這個假期。在凱文死後，我不確定我父母究竟是否仍有過節的心情。」

經歷喪子之痛後，父母也可能會對其他孩子的安危更感焦慮。因為艾迪的哥哥到水上樂園遊玩時，在一起離奇的事故中喪生，所以在學生時代，父母不准他去游泳池或遊樂園，以及從事任何他們認為危險的運動，例如足球。成年後，艾迪覺得父母的教養方式讓他非常缺乏自信。

還活著的兄弟姊妹可能也會被父母拿來和理想化的已故孩子相比。艾迪對此就很苦惱。「牧師安慰我母親，說凱文已經是聖徒，並且與耶穌基督合成一體（the communion of saints）。在成長時期經常被拿來與聖凱文（St. Kevin）相比，是很難過的事。我哥哥也沒有活得夠長到有機會和學校進行抗爭或應付青春期的事情。」

讓傷痛找到出口

無論是同父同母，又或不同父或不同母，手足都在你的生活中扮演獨特的角色。他們可能曾經是你的朋友、同伴、保母或玩伴，甚至是嘲弄者和折磨者，有時甚至集所有角色於一身。你們擁有同一個家庭、父親或母親、回憶和經驗。你們是彼此生活的一部分。你需要哀悼他們的過世。

一、承認失去的傷痛

當你面對失去手足之痛的同時，你也要了解到，你可能已經失去生命中原本能維持最長久的關係。

你的家庭結構、關係和傳統也可能會改變。你失去了一個親密的知己，也許只有他／她能夠驗證屬於你童年和記憶的事實。如果你的父母還健在，你可能必須承擔曾經由你手足擔負的責任。而你父母在處理自己的悲傷時，比較沒辦法顧及你的心情，而且他們會對你和其他孩子比以往更加擔心和焦慮，不斷擔憂你的健康、生活方式或是參加的活動，即使你現在已是成年人。

你與兄嫂弟媳、大伯小叔等姻親、侄子女和外甥子女的關係可能也會有所不同。逝去的兄弟姐妹的孩子生命中會出現新人，你必須適應也尊重這個事實，他們的需求和你的需求並不相同。

例如，隨著安瑪麗開始與比爾認真交往，卡蜜拉承認自己心裡很矛盾，也承認安瑪麗有建立新關係的權利，而且她的侄子們的生活也需要有強烈的男性影響力。卡蜜拉也不知自己要如何適應這個已經改變的家庭。她仍是受歡迎的客人嗎？她能和侄子繼續保持良好的關係嗎？安瑪麗和卡蜜拉找了時間懇切詳談，安瑪麗向卡蜜拉保證，她對比爾日益增加的情感並不代表她對東尼的愛減少了，她也不會讓孩子忘記自己的父親，並且強調這個家需要卡蜜拉姑姑這個重要的角色。東尼的父母已經過世，只有卡蜜拉姑姑可以和東尼的孩子分享他童年的故事。後來，卡蜜拉在安瑪麗和比爾的婚禮中扮演重要角色，擔任安瑪麗的伴娘。對此，她感到非常自豪。

二、處理悲傷的情緒

如果你與過世的手足之間的關係大致是溫馨而友好的，你可能會感到極度的悲傷、寂寞，甚至會因為遭到終生同伴的拋棄而深感憤怒。在較疏遠或敵對的關係中，悲傷可能會夾雜著內疚，又或是憤怒，你氣惱兄弟或姐妹早一步離開，留給你負擔；又或許重新發現在童年時期就存在的嫉妒或怨恨。

當手足死於自我毀滅的因素，例如濫用藥物、自殺或諸如此類的行為時，悲傷可能會夾雜羞恥、內疚和憤怒的感覺。你可能會對手足的生活方式和死因感到生氣，也因為對情況感到羞恥，而不願與其他人分享心情，拒他人於千里之外。你甚至會擔心手足生前的生活方式，會影響其他的弟弟或妹妹或是他們的孩子，又或甚至連帶你也會受到連累。

茉莉一向覺得她哥哥特雷弗是家裡的寵兒。雖然兩人很親密，茉莉也很崇拜他，但有時候她不得不承認自己心存嫉妒和憤恨。無論他做什麼，似乎都會把她比下去。例如，她的高中畢業典禮緊接著他的大學畢業典禮後舉行，兩者只差一個星期，但卻相形失色。她的婚禮也因特雷弗的車禍蒙上陰影。甚至在他死亡時，還剛好碰到她第一個孫子出生。當茉莉為特雷弗的過世感到悲傷時，那些同樣熟悉的情緒，包括嫉妒、內疚和憤慨等，也再度湧上心頭。

將面對失去兄弟或姐妹時經歷的任何情緒列舉出來，是用來檢視和解決這些感覺的好方法。茉莉就需要探究她對哥哥的矛盾心理，並且面對她長久以來的感受：「他似乎一直在『搶她的鋒頭』」。在這麼做之後，她找到處理那種矛盾心理的方法——寫信給她已故的哥哥。

三、用你想要的方式進行悼念

除了過世後的儀式，例如喪禮或週年忌日紀念儀式之外，你也可以舉行屬於你自己的懷念儀式。這些可以是簡單但強大的儀式；我們將在第十二章討論這個部分。

茱莉寫了信之後，決定在特雷弗墳前把信讀給他聽。當時，現場有她丈夫和一位老友。她讀著信，時而哭泣，時而大笑。信裡提到，他是個好哥哥，但卻有個非常令人困擾的習慣，那就是會在有意或無意間，在她人生中每個重要的里程碑中搶盡鋒頭。現在他已離世，她不知道他還能怎麼「搞破壞」，但她相信他一定能找到方法的。

四、把兄弟姐妹留在記憶中

你與兄弟或姐妹的終生連結，無論是好是壞，都會在死亡後繼續下去。他們永遠都會是你一生中的一部分。問題不在於你是否會記住他們，而在於你如何以及何時會想到他們。例如，家族旅行就是這樣的一個時機，它會讓你發現並承認那個曾經在你和其他家人生命中占有一席之地的人現在已經消失了。

卡蜜拉整理了東尼生前的相簿，從他出生後一直到他去世前的所有照片都含括其中。她本來只打算整理三本，他的三個孩子每人一本。在安瑪麗的建議下，她做了五本，多了一本給安瑪麗，還有一本是留給自己。

PART 3

無法說出口的悲傷

失去配偶（或在童年時失去子女、父母或兄弟姐妹）的打擊雖然極大，但至少多半會得到他人的認可和支持。而不被認可、社會不承認或無法公開分享的失去，則被稱為「悲傷剝奪」（又稱「被剝奪的哀傷」、「不被允許的哀傷」）。這種悲痛造成了一種悖論：我們經歷了失去與哀痛，卻認為自己沒有權利悲傷，通常也缺乏支持的管道。

又如失業和身分的喪失也會導致深刻而不被認可的悲傷。不僅對於失業者，對於家人和朋友來說，理解失業帶來真正悲傷的原因也很困難。對於由此帶來的痛苦體驗，很難被理解是悲傷的一種表現。

自從我在一九八九年首次介紹「悲傷剝奪」的概念之後，我對它所引發的共鳴感到驚訝不已。我常收到讀者來信，說我「確認」了他們的悲傷。例如，有封信是一位母親寄來的，她說開朗樂觀的兒子因酒駕出車禍，失去了一條腿，經過治療後，這個兒子彷彿判若兩人。他努力讀書，原本低空掠過的成績突飛猛進，最後獲得院長獎。畢業後，他成為物理治療師，並積極投入SADD（反酒駕學生）組織，也到許多高中進行酒駕宣導。他母親對此甚感驕傲，但她也承認她深藏的悲傷：在車禍後，她心中的那個兒子已經不在了，他已經成為一個全新的人。

在某次於澳洲進行的巡迴演講中，我到雪梨某家廣播電台接受一個吐槽幽默的談話性節目訪問。在節目開始之前，主持人先告訴我，他會對我的想法和我這個人開些小玩笑。但節目進行到後來跟預計的情況完全不同，我和主持人熱烈地談論到他最近的失去（前女友的自殺）。他在廣播節目中說，「悲傷剝奪」的概念是唯一對他有意義的事情了。

有時候，我們會面臨無法說出口的「悲傷剝奪」，不論原因是因為關係不被認可，又或是社會文化不允許等因素。在接下來三章中，我會探討各類悲傷剝奪，這些文章都傳達了一個最基本且重要的想法：賦予被剝奪悲傷者（也許也包括你）擁有悲傷的權利。

第九章

悲傷不該只是親人的專利

之前當我們與史蒂夫見面時，他仍身陷於摯愛過世的悲痛中。過去三年來，他和公司同事亨利發展祕密戀情，亨利驟逝時尚未出櫃。史蒂夫懷疑，是不是兩人無法公開的關係以及亨利隱藏性向的壓力，才使他心臟病突發身亡。

史蒂夫只讓幾個兄弟姐妹、密友和當地同志團體的部分成員知道他的地下情。在他們居住的州，同性婚姻並不合法。此外，他們的公司也不贊成辦公室戀情，無論是同性戀還是異性戀。史蒂夫和一些同事參加了亨利的葬禮，但同事們在葬禮後只想迫不及待地趕快去酒吧玩樂。史蒂夫獨自承受了沉重的失落感。

我見到史蒂夫時，他正處於欲振乏力的悲傷中，心裡非常痛苦。他並沒有因為時間的流逝而覺得好些，「漸漸變好」對他來說是遙不可及的，這樣想也會讓他覺得是對亨利不忠。他也無法專心投入工作，因為辦公室裡充滿了回憶，令他觸景傷情。

史蒂夫被剝奪了悲傷的權利。雖然他哀痛欲絕，但他對自己性向的不安，以及他對亨利保證不說出兩人關係的承諾，使他無法尋求他人的支持。雖然他在亨利生命中是很重要的，但在葬禮和紀念活動中卻只能扮演微不足道的角色。

誰才有資格悲傷？

每個社會都有悲傷的規則。這些是預期人們如何悲傷、能悲傷多久，以及可以為哪些人和哪些事悲傷所訂定的規範或期望。只要我們遵守這些規定，就可以獲得社會的支持。

但如果遭遇悲傷剝奪，你可能無法參加諸如葬禮或追思會等儀式，也無法獲得社會認可的安慰和支持。在這些情況下，你不會收到慰問卡，因為你沒有哀悼那項失落的權利。

關於悲傷的社會規則，法令規章通常有明確的規定，這些法規界定了誰能決定如何處理逝者的遺體或喪葬儀式的舉行方式，以及公司的喪假規定。葬禮證明哪些人擁有名正言順悲傷以及獲得支持的權利。

我們會因為家庭成員（配偶、子女、父母或手足）的過世而請喪假。然而，有些人的過世（例如最好的朋友、前夫或前妻，又或寵物的過世等），不會讓我們獲得休假。法規也不會讓我們為導致悲傷的其他失去而請喪假，例如面臨痛苦的離婚或人生中任何重大的轉變時。

我們生活在與人類、寵物，甚至地方和事物形成的連結網絡中，也會經歷各種失去，包括死亡、分居、離婚和其他變化或過渡期。當這些連結被死亡或任何的分離方式切斷時，我們就會深感失落。但只有親屬在法律上才擁有合法的身分，才能光明正大地表現悲傷。

此外，我們也可能以不符合他人期望的方式經歷、表達和面對失落。人們會剝奪我們的悲傷權利，他們不承認，甚至不理解我們的失落和悲傷，又或不給予支持。

會遵守這些規則的不僅是社會，有時我們也會強迫自己遵守。悲傷治療師傑弗瑞・考夫曼（Jeffrey Kauffman）表示，我們自身會內化或接受並相信這些悲傷規則，進而剝奪自己的權利，相信我們所經歷的悲傷是不適當的，因而強忍傷痛，或是將這種哀傷轉化為內疚或恥辱感。史蒂夫就是面臨這種狀況的一個例子，他不能與自己的性取向和平共處，也不能公開他與亨利的關係，只能向幾個值得信賴的朋友和家人傾吐。

我們的社會一向標榜要重視平等和理性，這代表任何政策都應該公平適用於所有人。悲傷的規則就如實地反映了這點。若將悲傷的角色擴大到非自然死亡的情況或非親屬的身分，這樣做會讓公司或社會組織造成負擔，因為在職場上就必須界定生者與逝者的「友誼程度」又或是「失落類型」。若擴大喪假的概念，將花費相當高的成本。

如果政策法規所訂定的目標範圍僅限於在被認可的家庭成員中，社會群體或公司組織可以避免混淆和潛在的濫用，建立起單一的標準。而這些政策也可用來反映及突顯社會的認可和支持，並再次重申和認可家族關係。

在多元化的社會中，即使是不被整個社會允許的失落感，也可能會在一個較小的次文化中獲得認可。例如，因同志戀人過世的哀傷可能不見容於家人或親朋好友，但在同志社群則完全能被理解。又如在西班牙裔和其他文化中，多半認為教父的角色很重要，一旦失去教子女或教父教母定會哀痛欲絕。因此，在某個文化中不被認可的事情，在另一個文化中可能是可以被接受的。

人類有很多絕佳的人格特質，其中一項是擁有愛的能力，而且不僅限於愛家人的範圍。更可以跨越物種和空間。每當經歷任何失落，失去所愛之人或物時，無論那是什麼樣的關係，我們都會感到悲傷。

在遭逢明明是悲傷的事情，卻得因為種種原因而壓抑傷痛。那麼，有哪些關係或情況是不被認可又或無法公開，以至於得讓人獨自承受悲傷的痛苦呢？

一、同性婚姻

即使現在同性婚姻在美國某些州是合法的，而且接受度也不算低，但能支持和承認悲傷的人卻很有限。

我認識有對已經結褵三十多年的同性戀伴侶，他們是一等到紐約同性婚姻合法就馬上結婚了。其中一位伴侶上個月去世了，我在當地想找一張能明確認可他們關係的合適慰問卡，但始終找不到，最後我在網路上找到了一張。後來我拜訪未亡人時，她悲傷地開玩笑說道，她認為市面上只有兩款適用她情況的卡片，因為她就收到許多張那兩款同樣的卡片。

二、認識多年的同事或朋友

我們也與朋友保持強大的連結，也許從小就開始保有這種關係，但我們的悲傷往往不如他們親人的悲傷來得強烈。

我們可能和某個人共事數十年，每天一起用午餐或喝杯咖啡，但即使在對方過世後，也幾乎沒有人承認這種獨特的連結。如果對方是在退休後過世，我們還可能要等到喪禮早已舉行過後，才會得知這項消息。

三、墮胎

有些選擇墮胎的女性會感到悲傷，有些人則不會。是否會發生強烈的悲傷反應與許多因素有關，包括：是第一次或是已多次進行墮胎；關於墮胎的矛盾心理；或原本把懷孕視為解決問題的方式，但最後卻事與願違。（例如，「如果我懷了他的孩子，他就會娶我。」）

有些原因也是很個人的，例如，如果有女性的宗教信仰反對墮胎，但在不可抗拒的情況下必須選擇拿掉小孩，那麼她將會經歷一場痛苦的掙扎。此外，墮胎的決定也可能使孩子的父親和期望當祖父母的人覺得悲傷。

如果你自己或認識的人正經歷這樣的失落，可以與諮商師或信任的知己討論墮胎的決定，或選擇建立自己的儀式。丹尼斯・克拉斯博士（Dennis Klass）和艾美・希思（Amy Heath）就發現，日本有一個供奉嬰靈的神社，讓墮胎的母親能祭拜未能出世的小孩。

四、治療師及個案

身為諮商師，我會發現（有時候是無意中）現在或過去的個案已經離世。基於保密道德，使我不能承認曾進行的關係或參加任何儀式。雖然我已安排一位同事在我萬一突然過世時會聯絡我的病人（病人的資料是放在一個密封的信封裡，直到我過世才能打開），但我可以想見我的個案也會面臨同樣的困惑。即使他們在任何追悼儀式進行之前被告知諮商師已死亡，他們應該參加儀式嗎？他們該如何描述自己與逝者的關係？有誰知道他們正在接受諮商，而且可以讓他們傾訴失落感？

五、前夫前妻、前男友前女友

我們可能會為過去存在的關係感到悲傷，並對前男友、前女友或前配偶的過世表示哀悼。

卡門與安東尼奧已經結褵近二十五載，他們原本計畫來個銀婚郵輪旅遊，但後來她發現他和鄰居出軌，兩人在激烈爭吵下離婚了。兩年後，安東尼奧因病過世，卡門仍然為他的離世感到悲傷。她的朋友中很少有人能理解這種情況，有些朋友甚至還認為他的死其實是大快人心的復仇。

在安東尼奧生病之前，卡門和他避不見面，任何聯絡都是透過律師。他生病時，卡門決定去探視，但在醫院裡也覺得很尷尬。安東尼奧過世後，她一直在和自己的矛盾和悲傷搏鬥，這種心情很難被理解與支持。卡門還必須用自己的年假去參加葬禮，因為公司的喪假政策是適用於現任配偶而非前任配偶。

六、不認識的名人或虛擬人物

我們也會哀悼名人和其他我們從不認識的公眾人物的逝去，例如人們會為流行音樂之王麥可・傑克遜、前南非總統曼德拉、戴安娜王妃或貓王的過世而哀傷。

在連結日益緊密的網路世界中，我們更可以和素未謀面的人產生連結，包括透過線上聊天室，或和網路遊戲中的人物發展強大的互動關係。

克里斯是個年輕人，他因肌肉萎縮症一直纏綿病榻。他喜歡玩多人遊戲的「魔獸世界」，在遊戲中，玩家採用虛擬化身，加入不同的部落，並參與戰爭和征服行動。克里斯選擇扮演他命名為Toxik的巫師角色，這個角色也變得愈來愈強大。在他快過世時，他要求哥哥通知這場遊戲裡的玩家。之後，各個部落都「休戰」，為Toxik舉行一場葬禮。許多玩家都對克里斯和他的化身Toxik發表評論。有個角色（侏儒）就說：「Toxik是我的死敵，但克里斯一直是個好友，總是樂意幫助你在遊戲中處理技術問題。」

七、心愛的寵物

每個生命都有結束的時候，人是如此，寵物也一樣。尤其與人相比，寵物的生命相對更短。

失去寵物可能是孩子首次經歷失去的經驗。原則上，小孩子都具有絕佳的復原力。而對於上了年紀的女性，像艾琳娜這樣的寡婦而言，她的小狗在生活中扮演了許多角色，包括朋友、保護者，甚至還是她的「健身教練」。艾琳娜發現自己會常與其他的狗主人聊天，尤其是在遛狗時；她的狗狗也給予她每天早上起床的動力。寵物也可能與之前的失去有所連結，艾琳娜的狗狗就會讓她想到逝去的丈夫艾瑞克，因為這隻狗是他生前送給她的耶誕禮物。

對某些人來說，動物則有點像是借腹生子的小孩。我有位選擇不生孩子的同事和他太太每年都會以家庭照片製作聖誕賀卡寄給親友，照片裡這對夫婦和他們的狗狗們，全都會為佳節盛裝打扮。

寵物也會感染人類會罹患的疾病。毛小孩或其他任何寵物就像我們一樣，也會死於心臟病、癌症、腎衰竭、中風和免疫缺陷，這會提醒我們注意疾病的嚴重性和死亡的可能性。

找到情緒的出口

被剝奪的悲傷往往會強化悲傷反應，我們甚至會因為自身的悲傷而感到羞恥。例如，當艾琳娜的狗狗死去時，艾琳娜為自己的感覺感到尷尬。她不知道自己淚流不止，是不是因為年紀大所以情緒特別脆弱的緣故。別人也會像她一樣，因為毛小孩的過世而感到如此難過嗎？（當然，答案是肯定的。）

與逝者之間矛盾的關係，以及由死亡同時引發的危機，這兩者會使悲傷更複雜。例如，史蒂夫深愛亨利，但很不滿兩人的關係無法公開。在對方離世後，史蒂夫對自己曾想要將這段感情公諸於世而感到內疚；當同事們笑談對亨利性向的懷疑時，他會很生氣。

死亡也會導致複雜的法律等實際問題。貝拉和阿里同居四年。當阿里在事故中過世時，貝拉沒有訴訟資格，她的名字也沒有列在租約上。她甚至必須因為兩人的共同財產而與阿里的父母對簿公堂。

在無法表現傷痛的狀況下，你也可能被排除在關心逝者的角色之外，不具有能獲得認可的角色。你無法參加為逝者安排的葬禮，儀式也不見得對你的哀痛有幫助，更何況你被排除在參加者名單之外，也無權參與規劃。在這類情況中，你的情緒會演變成長期的慢性悲傷，或是愈來愈無法克制的哀痛。

當你與悲傷對抗時，要嘗試分析別人「同理心不足」（empathetic failure）的原因，為什麼你會產生被剝奪感，是什麼原因讓你在經歷失落之後無法得到所需的同情？原因可能有很多，第一個原因可能是你沒有設法讓自己獲得支持。無法說出口的關係，或是對自己的悲傷感到羞恥，都會阻礙你尋求支持。

有時候，羞恥是來自精神層面。例如，有些信仰會譴責同性戀行為和婚外情。此時，與諮商師（包括牧師諮商師）探索你內心的衝突與掙扎，能協助你找到解決的方法。

第二個同理心不足的原因，是你的人際網絡不支持你時，包括親朋好友或更大群體在內的人們，因為他們自己的宗教或個人原因持反對觀點。

還有一種情況，是其他人可能根本不了解這種感情。艾琳娜經常語帶憐愛地抱怨她的狗兒，說牠造成她的麻煩，也花了她很多錢，為了狗狗她總是得早點回家或不能出外旅遊。只是這些藉口都不代表她不愛她的狗。然而一旦狗狗離世，許多人會認為艾琳娜根本會覺得終於解脫了。

有時候，你必須勇敢與別人分享你的感受，並尋求支持。你可以讓周遭的人或身處的環境與社群了解失去的意義，主動出擊。

才不過幾十年前，經歷周產期失落（perinatal loss）的人，包括流產、死胎等，往往無法好好表達悲傷。透過公開自身故事的婦女們進行的宣導，讓社會了解她們經歷的悲傷，也讓自己和同病相憐的人擁有悲傷的權利。

你可能無法找到適當的支持性團體，但有一些網站可以對你的悲痛表達支持，提供因應悲傷的建議；以及最重要的是提供希望，讓你能在處理悲傷時順利因應，進而成長。

你也可以利用自己想要的方式來紀念逝者。例如，「愛滋紀念被單[1]」就協助那些處在朋友、伴侶或情人等任何關係中的人們，讓他們能夠在一塊紀念被單中找到自己的發言權。你也可以選擇舉行追悼儀式，甚至在自己家中，邀請親近和支持你的朋友分享你的失落、悲傷和回憶。

1 編註：AIDS Memorial Quilt。一九八七年時，有一小群人決定要製作一條拼布來紀念死於愛滋病的朋友及鍾愛之人。每個方塊都代表一個人。

第十章

誰能了解我的傷痛？

葛蕾塔在每年聖誕節時都會難過不已。

一百多年前，她的曾祖父曾雕刻一套聖誕裝飾品，在這個家族從德國飄洋過海移居海外時，這套裝飾品也跟著他們穿越大西洋。之後，每個孩子、孫子，甚至是曾孫結婚時，他們都會收到其中一個裝飾品，這個紀念物提醒他們要記得自己的根。

裝飾品原本由葛蕾塔保管，但一九九七年在北達科他州紅河的洪水中，這套飾品不幸被沖走了。對葛蕾塔來說，她已然失去一項前人留下的珍貴遺產，一項送給新舊世代在交替時的家族禮物。

悲傷不一定與死亡有關，但一定會牽涉到連結和分離。任何形式的失去都會令人悲傷，像是離婚、不孕、意外導致殘疾，又或失業等生活事件，都會造成重大的打擊，讓我們產生類似遭逢至親過世時的悲痛情緒。

本章將說明這些失去，提醒你，你在悲傷中並不孤單。但我的用意並不是要將人生中可能遇到的所有失去列出詳盡的清單，因為你會為失去所依戀的任何人事物而感到悲傷，沒有清單可以將它們悉數列出。

當摯愛成為最熟悉的陌生人

雖然我們一生都會經歷許多重大的失去，但可能並不太了解這些悲傷。此外，在未被認可或是被剝奪悲傷權利等失去的情況中，我們的悲傷也往往無處傾吐或獲得支持。

疾病會改變一個人

有時，你所愛之人會產生重大的改變。雖然他們仍是你生活中的一部分，但已不是你記得或曾經認識他們的樣子。疾病往往會改變一個人，尤其是精神疾病或失智症。在這種情況下，你將體驗到所謂的「心理社會失落」（psychosocial loss），為失去你曾認識的人感到悲傷。

例如，當我們親近的人罹患失智症後，雖然他們仍在我們左右，但已經不像我們昔日所認識的那個人了。我們再也找不到彼此連結的關係、共同的回憶，甚至對方的個性也變了。外表看來，這個人彷彿一切如昔，但似乎只徒具舊有的軀殼，尤其隨著病情惡化時更是如此。他可能不再從事同樣的活動，或不再認得我們。有時候，這些變化會很令人吃驚。

我有位個案的母親在實施種族隔離政策的美國南方長大，但她女兒向來以她母親積極參與民權運動為傲，即使她母親因此失去了朋友，並與家人疏遠。她母親曾自豪地回憶，她在青春期時，是如何使清一色都是白人才能前往的教堂，羞愧地取消種族隔離的規定。但後來她母親罹患失智症，行為常出狀況，還開始使用種族蔑稱。這種鄙夷的措辭不僅令她女兒震驚，也令她女兒質疑她的真實信仰。她真的是她女兒認為的改革創新人士嗎？

其他疾病也會造成類似的失落感。像是因罹患精神疾病、酗酒或吸毒造成的創傷性腦損傷，通常會影響心智的所有功能，包括溝通能力、記憶、個性和處理訊息的能力等。有人會幾近完全康復，但是在某些情況中，進展可能會緩慢且不確定。

像是我有位朋友的兒子非常在乎自己的整潔和外表，在運動過後或是身上不小心潑灑到東西時，會一天沖很多次澡並換好幾次衣服。他的父母就曾開玩笑說，如果他的孩子失蹤，要記得他穿什麼衣服很難，因為他太常換了。然而在青春期，這男孩開始吸毒，整個人都變了，其中最明顯的改變就是不再注重個人衛生。他現在經常連著好幾天都穿同一套衣服睡覺，也很少洗澡。

你會因為不復見親友往日的樣子而感到悲傷，當其他朋友和家人覺得很難面對這些變化時，他們會漸行漸遠，你可能也會避開他們，這也是一種失去。

改變了，得到了，卻也失去了

當某個人變得不像是我們熟知和喜愛的那個人時，即使是正向的改變也會讓人悲傷。

對崔斯坦而言，這種轉變指的是他弟弟宗教信仰的改變。他最初很高興弟弟找到某個信仰，心靈能有所寄託。但崔斯坦很快就發現，他很難理解他重生的弟弟，對方不再想要一起喝啤酒同樂，總是只看著家人們喝。他們現在只會在假期時才偶爾碰面。

同樣地，艾比蓋兒的丈夫在經歷幾乎毀掉他們婚姻的漫長酗酒掙扎之後，加入了戒酒無名會（Alcoholics Anonymous）。然而，她懷念她丈夫現在為了保持清醒而避開昔日曾參與的那些「人、地、事物」，特別是酒吧式飛鏢俱樂部，那是他們曾與許多其他夫婦進行社交活動的地方。如今他們慶祝耶誕夜的地方，是在當地戒酒無名會分會（在教會地下室）贊助的無酒派對，而不是他們以前常去的昂貴俱樂部。艾比蓋兒一方面為她丈夫感到自豪，也很支持他為戒酒所做的努力，即使她的確會為失去往日的某些生活樂趣而感到悵然。

因為疾病所產生的預期性悲傷

我們除了為失去的個性和共享的活動而哀悼之外，在自己和所愛之人放棄健康和活力、能力、重要活動或珍貴的角色時，也會產生失落感。我們會覺得現在與以前的自己非常不同。

「預期性悲傷」（anticipatory grief）是指對來日無多的病人感到悲傷，親友和照護者會因為預期患者終將死亡而出現這種悲傷。我們現在將「預期性悲傷」或是著名的悲傷治療師蘭多博士所說的「預期性哀悼」（anticipatory mourning），解讀為對於在疾病中經歷一切失去所產生的反應。

這些失去是重大的，包括肢體活動愈來愈困難，甚至連普通的動作都無法做到。隨著專注力的喪失，腦力也會下降。患者必須放棄曾經喜愛的嗜好，也或許是從工作崗位上退休。我有個同事，罹患了肌萎縮性脊髓側索硬化症（漸凍症），她最初的症狀之一是平衡障礙，而她面對的第一個失去，是被迫放棄三代都熱愛的家庭活動——滑雪。

同時，我們也失去了夢想與計畫中的未來。對克雷格來說，當他妻子診斷出罹患胰腺癌時，就代表他們再也無法實現退休後四處旅遊，以及遷居托斯卡尼的美夢。隨著疾病的惡化，我們將繼續經歷其他的失去，並對每一次的失去感到悲傷。

終身殘疾所造成的長期悲傷

殘疾（包括發育障礙）可能導致被剝奪的悲傷，而表達悲傷會被認為是負面的行為。對家中有殘疾者或是與殘疾者共處的人而言，家人會處於長期的悲傷（chronic sorrow），並且忍受持續存在的傷痛。

智能障礙兒童的母親會深愛孩子，但她也會為了孩子可能因為這種殘疾而失去的機會和經歷感到悲傷。她的悲傷在某些時候會增強，例如，在收到朋友女兒的喜帖時，她會想到自己的女兒永遠不可能結婚或有自己的孩子。但她也會對自己的悲傷感到自責，認為應該永遠愛她孩子現在的樣子。

如果發展遲緩兒童比父母先過世，他們的父母也可能被剝奪悲傷。有些殘疾兒的父母曾告訴我，其他人經常期望他們對孩子（或許他們已成年）的過世抱持「終於解脫」的感受，因為現在他們終於不必再擔心孩子，又或是得為自己年老照顧或身後事預做規畫。這些父母經歷的悲傷，以及他們對子女強烈的關愛，往往都被漠視。

為了處理長期性的悲傷，你需要找到可以在你悲傷時協助你的知己、諮商師和支持性團體，而且也讓人認可你的悲傷。你也要處理在對抗殘疾（無論是你自身或是他人的殘疾）時所產生的複雜和矛盾情緒。

情感的結束VS.關係的失去

悲傷與其說是與死亡有關，不如說是跟失去關係密切。

我一位已故的同事理查．卡利甚（Richard Kalish）曾言簡意賅地說明這點：「你擁有的東西，終有一天會失去；你依戀的事物，別人可以將你與之分開；你喜歡的東西，別人可以從你身邊奪走。但如果你沒有任何東西可失去，你就是一無所有。」

一、離婚

當我首次對被剝奪的悲傷展開研究時，我將焦點集中在經歷前配偶過世與離婚者身上。當時，專業人士在談及與離婚有關的「心理後遺症」、二次傷害或後遺症時，經歷那種情緒的人稱之為「悲傷」。

離婚就像死亡一樣，粉碎了你所假設的世界，一般人很少會在預想日後可能離婚的情況下踏入婚姻。它也會造成各種形式的二次失落，就如同一位離婚者所說的：「你們會分財產、分孩子、分房子、分家具，甚至分朋友。」你可能還會因為分居的情況而感到丟臉，並且被離婚污名化，自尊心受損，日後也不想再與人建立親密關係。

還有些因素會使離婚的悲傷變得更複雜。或許你雖然亟欲脫離一項惡劣的關係，卻又對不確定的未來感到焦慮和害怕。像是朋友和家人可能不支持你與另一半決裂，又或者他們也同樣對你的前配偶感到憤怒和憎惡，認為你應該為終於能脫離喘不過氣來的壓力而覺得如釋重負，他們不明白為何你要覺得悲傷。你還可能會對離婚的合法性產生心理掙扎，這視你的信仰而定。

離婚是成年人可能會經歷的少數人生過渡期之一，這個過程沒有任何形式的儀式。事實上，如果能建立可以標示此過渡期的儀式，可能會有所幫助。

此外，你現在必須與前配偶建立新關係。離婚終結了一樁婚姻，但很少會終結一項關係，特別是如果育有子女。有時離婚後也免不了要互相聯絡或碰面。

離婚不僅令夫妻感到辛苦，對孩子的打擊也很大。一些研究就顯示，對許多孩子來說，因為離婚而失去父親或母親，特別是如果非監護人家長在孩子的生命中長期缺席的話，這種情況可能比父親或母親過世更容易造成問題。持續不斷的家庭衝突可能會讓孩子倍感壓力，甚至增加孩子的內疚感。此外，在離婚時，孩子會收到令他困惑的訊息，像是：「你應該愛他，因為他是你父親，雖然他是卑鄙的混蛋。」然而，孩子通常不能、也不應該被期望擔任成年人的角色。

二、不明確的失去

當我們說到「分手」，不一定是指情侶間的決裂，也可能包括親子或朋友間的疏遠、悖離等感覺。對方剛離開或已經離開，但我們可能不知道那個人到底發生了什麼事，我們甚至可能不了解造成疏遠背後的原因。

朵莉卡已經有兩年沒有見到她兒子拉喬斯。他正值青少年期，有嚴重的吸毒問題，後來拉喬斯與父母發生爭執，也不再參加戒毒的康復計畫，有一陣子還下落不明。他現在已經回到原來居住的城市，朵莉卡和她丈夫知道他住在哪裡，但是兒子拒絕與他們聯絡。他們認為他仍在吸毒，但對他現在的生活卻一無所知。朵莉卡渴望有一天可以和她曾經了解、以及愛乾淨又清醒的兒子和解。她經常看與死亡有關的消息，想知道是否會看到兒子的名字，她還會想，會不會這輩子都不會知道他是否已經死了。

類似朵莉卡這樣的狀況，包括重要的人失蹤、被綁架，遭遇恐怖攻擊或飛機失事還未被尋獲等，這些重要的人都不在身邊了，這種失去稱為「不明確的失去」（ambiguous losses）。我們對於失去悲傷的感覺無法清楚定義與確認，讓人一顆心懸在那，徘徊在希望與絕望之間。我們會覺得自己已經放棄又或者應該放棄，但若說自己「悲傷」，會不會太早向仍有可能逆轉的結果投降呢？

又或是即使我們知道某個人可能已經死亡，但遺體仍遍尋不得，而且我們完全無法得知對方的生命是如何結束的。二〇一四年三月，馬來西亞航空公司的航班離奇消失，乘客的遺族們至今仍在與悲傷搏鬥。那架航班究竟在哪裡？這項始終無法解開的疑惑使得悲傷更懸疑而複雜了。

三、收養

有三種人會在收養的過程中經歷悲傷：出養母親（有時是父親）、被收養人和養父母。出養母親顯然會因為棄養辛苦懷胎九個月才生下的孩子而感到悲傷。舊世代的出養母親往往是被迫而將孩子送人領養，這使她們感到內疚、羞愧和憤怒。母親想知道自己的孩子在哪裡，以及他或她在做什麼。有些人可能幻想終有一天會全家團聚，有些人則會害怕讓孩子回到與他們領養家庭中完全不一樣的生活。

被收養人一旦知道自己是被收養的，往往心裡會很難受。被收養人如果初期有依附（attachment）障礙，會很難和收養方產生親密感。「身分認同」往往是被收養者要對抗的問題，特別是在青春期和剛成年的時候，他們可能對親生父母存有恐懼和幻想、覺得自己跟別人不同，或是為自己想要打探親生父母的下落而感到內疚，因為這種舉動可能會被解讀為對養父母缺乏感激之情。另外，也可能因為被遺棄而懷有罪惡感、恥辱和憤怒，畢竟，被某個人選中，也代表是被另一個人拋棄。

但儘管在收養過程中存在這些常見的衝突，被收養者整體的成功率和滿意度，實際上並不比由親生父母撫養的孩子來得遜色。

養父母會有自己的悲傷問題，包括不孕症、親生子女不幸死去，又或是無法再生育等。在決定收養小孩的過程中，他們會擔心這中間會不會有阻撓收養這件事的變數產生。隨後，他們也會出現矛盾的感覺，因為收養的孩子將面臨身分認同的問題，也可能會想要與生母聯絡。對每個養父母而言，這些失落和衝突各有不同的涵義。

專家建議被收養者和養父母之間要有坦誠和持續的溝通，以便讓各種想法和感受得到承認和處理。這不可能是「一次性的全盤托出」，而會是個持續的過程。

四、寄養

在寄養情況中，寄養小孩不僅失去了父母，也失去了他曾經熟悉的世界。現在，一切都不同了，不同的學校、老師、家庭、朋友和規則。寄養小孩還可能經歷「不當獨立性」（inappropriate independence）的失落，因為他不能再做之前在他缺乏組織、混亂不堪的家庭中所做的事情，他現在得去上學、遵守固定的就寢時間，也不能把巧克力棒和可樂當正餐。對兒童而言，這些雖然是「不當的自由」，但是他們仍然深感失落。

在所有這些失落中，有些寄養兒童也會有附帶收穫（secondary gain）感，也就是因為寄養而獲得某些好處。有一次，我對一些寄養父母們進行演講，之後大家坐下來共進午餐時，一個八歲的男孩向我展示他的掌上型遊戲機。他告訴我，那是他寄養父母去年生日送他的禮物。他非常興奮，因為這是他七年來第一次收到生日禮物。之前，他染有毒癮的母親從沒關心過他。

對寄養父母來說，你會將小孩視如己出，但另一方面也會提醒自己，這只是暫時照顧，所以不要太依戀他們。這是兩個互相矛盾的想法，寄養父母因孩子搬進家裡，和結束寄養關係離家而經歷多重失落的情況是非常常見的。

當然，出養父母也會產生失落感。他們因為失去自己的孩子而深感羞恥。他們得將養育孩子的掌控權交給政府機構和法律體系，而這些公權力並不會同情他們的困境。

五、入獄

當你所愛之人被監禁時，這也是一個被剝奪悲傷權利的失落，並帶有恥辱感。

我曾經有個十七歲的個案，他因為與正入監服刑的繼父分離而深感難過。除了家人之外，我是唯一他可以傾訴悲傷的人。他對別人都說父親是「在阿拉斯加工作」。雖然這家人可以守住祕密，但在有些個案中，家人必須直接面對「家中現正有人在服刑」這種在外人看來不光彩的事。

身為受刑人的家屬，你會為對方感到恐懼和焦慮，因為監獄裡潛藏危險。你還必須同時解決可能失去經濟來源、負擔法律費用等金錢上的問題。甚至連探視也可能令人蒙羞，因為你會經歷漫長的官方程序與搜查。

我們也會擔心，對方在出獄後會變成什麼樣子，或許已不吸毒而且變得更好，又或是變得更冷酷、更憤怒和更疏遠。無論是什麼樣的改變，我們都必須適應，就如同他們必須適應我們在過渡時期已經改變的部分。

影響身分，也失去自我肯定

某些失去會影響你的身分，它們會挑戰你如何看待自己，以及如何向世界展現自己。

一、失能

當你失去做某些事情的能力，尤其這些事情曾經對你相當重要時，你的角色就會受到挑戰。

例如，維克多一直對汽車很著迷，後來他考進一所技術學校，獲得汽車工程副學士學位，成為一名機械師與賽車手，這是他夢想中的工作。但如今他被診斷出患有退化性肌肉疾病，他知道自己很快就不能繼續工作。雖然他經濟無虞，但這種失落感不僅是失去工作這麼簡單，他同時也失去了一直以來想要擔任的角色。

二、名譽受損

指控、謠言或當面的暗示會困擾你，讓你失去自信。即使你透過法律途徑或人際關係解決這個問題，你仍會對失去聲譽以及人們對你的正面評價而感到難過。

三、不孕

不能生育對女性和男性造成的失落，包括身分等多個層面。

從童年初期開始，你就夢想著想要擁有家庭。當你結婚後，你的計畫、希望和夢想似乎更具體，也離你更近了。但當你發現自己罹患不孕症時，會打擊這些夢想，以及它們與性的連結。

正如治療不孕夫婦的治療師達西・哈里斯（Darcy Harris）所說，尋求治療不孕症有一個令人不安的悖論。一方面你明白，昂貴、具侵入性，而且對身心都會造成壓力的治療可能不會成功，你得面對「自己可能永遠不會有親生子女」的恐懼。然而，治療的本質就是加強對父母養育角色的承諾。

諮商對不孕症的父母會有幫助，能讓你了解與探索你的悲傷，並且讓你獲得支持。它能讓你檢視失落背後代表的意義：你遺憾的是無法生育，還是無法滿足養兒育女的渴望？如果是後者，你可以選擇領養或寄養等方式取代生養小孩的渴望。

在成長中失去，也在失去中成長

隨著年齡的增長，你不可避免地會經歷改變。當你承擔新的職責並投入不同的努力時，你也會放棄一些活動。

最近我孫子第二天上學，我陪他等校車時，聽到一個鄰居小朋友跟他媽媽抱怨說，他「昨天」已經去過幼兒園，為什麼今天還要去？他母親耐心解釋說，他現在每週要去五天，不像之前每週只要去兩天。男孩失望地看著她，眼眶中含著淚水。「這讓一切都改變了！」

他忿忿不平地說。

事實的確如此。隨著你人生不斷往前推進，所有事情都會改變。有些你可以從容應付，但有些改變會令你難以招架，並深深地影響你。例如通過駕駛考試和獲得駕照的興奮，含有諸多意義，它是一個成就和成熟的標記，也代表你將擁有新的自由和冒險。現在想像一下，當你因為年老或殘疾而被迫得放棄那張駕照以及它代表的所有意義時，會是何等痛苦和悲傷。

人生中還有其他的變化與發展，也代表著不同的意義。

一、失業

失業是成年人最不受認可的失去之一。當我們遇到陌生人或久未見面的朋友時，為了拉近彼此的距離，最常問對方的問題就是：「你是做什麼的？」

當失去工作時，你不僅立即面臨最有感的失去收入，同時也失去在工作上所建立的關係，更失去了你所認知的世界。你可能原本認為，只要努力工作，就會得到回報，你對「公平世界」的信念受到威脅。你的自尊心也是如此。我們經常會透過職業來定義自己，失業將會使你貶低自我。

另外，無論被解僱的理由是什麼，你都會認為那對你是一種侮辱。

二、階段性的失去

每種改變都會伴隨一些失去。在許多人生改變中，收穫遠大於失去。但我要提醒大家，即使在生命中最正向的過渡期中，也潛藏著失落的暗流。

畢業時，你慶祝自己的成就，並期待下一階段的人生。然而，你也明白你將離開朋友、老師或教授，以及長久以來熟悉的環境和從事的活動。

生小孩也會有影響，你可能對此事已期待許久，並且對新生命的來臨欣喜若狂。但你也知道，從此生活將會大不同，在接下來的幾十年裡，你不會再那麼自由，而且在短期內，你也無法再好好睡覺。

其他諸如搬家或移民、改變或放棄信仰，乃至出櫃等，都將經歷一連串的失落，失去你曾擁有的生活，又或者代表你對這個世界的某些想法已經不同。

三、物質上的失去

每個人或多或少都有戀物情結，比如你會珍視你的房子和財產。對葛蕾塔而言，被洪水沖走的聖誕節裝飾品，不僅代表丟失東西，更代表家族的傳承與遺產被破壞了。

在某些情況中，物質的失去可能除了東西不見外，還可能造成其他的影響。例如當家中遭小偷時，不僅蒙受錢財的損失，也會令你缺乏安全感。

第十一章

這些人，也有哭泣的權利

患有智力障礙的蘭迪已經不年輕了，他大半人生都和他鰥居的父親同住，而且兩人一直都很親。

在蘭迪小時候，除了大型州立機構之外，一般機構對智障者提供的教育都很有限。蘭迪的父親是棒球球探，在蘭迪還小時，父親在進行探察之旅時經常會帶他同行。他們會開心地不停唱著大聯盟棒球經典歌曲〈帶我去看棒球賽〉（Take Me Out to the Ball Game）。

蘭迪十六歲時，找到一個倉儲的工作，他的同事們都既有耐心又包容。在蘭迪的父親身體日益衰弱後，他便搬到一個團體家屋（group home），那裡的人也很和善。大多數的星期天，父親會和兒子共度，一起外出吃飯。當他父親病情惡化，住進安寧病房後，就不能再去探望蘭迪了。蘭迪的姐姐們偶爾去看他時，會跟他說父親生病了，等病況好些就會去探望他。

在父親去世後，蘭迪的家人不希望他出席葬禮。他的姐姐們覺得他不明白什麼是葬禮，而且葬禮只會讓他難過，他們甚至不確定蘭迪是否了解「他敬愛的父親已經去世」這個事實。但是蘭迪會淚流滿面地走在團體家屋的草坪上，唱著〈帶我去看棒球賽〉。

我們會剝奪某些人悲傷的權利，他們可能是被認為無法體會失去的人，又或者表現悲傷的方式令我們疑惑的人。由於社會不安（societal discomfort），某些類型的死因也被剝奪了人們悲傷的權利。

不知如何表達，並不代表不會悲傷

所有的悲傷最終都是個人和獨特的。我們的悲傷是一種組合，其中包含我們與逝者分享的高度個人關係，以及每個人應付失落的獨特方式。無論在智力和功能性表現測驗中的得分如何，我們都會形成依附和經歷失落。

一、兒童

我們經常認為小孩子，尤其是幼兒無法真正掌握失去的意義，或是對逝者可能沒有太多依戀。當莫娜四歲的兒子問她為什麼祖母不再來他們家時，她覺得很驚訝。其實，祖母一年前就去世了。莫娜不了解她兒子有多麼期待祖母每年暑期來訪，而且她也從未告訴他死訊，因為她認為孩子會完全忘記祖母。

孩子們和大人一樣，會形成各種依附關係，當這些關係被破壞時，他們也會感到悲傷。孩子們表達悲傷的方法跟大人一樣，例如哭泣、哀傷、憤怒、渴望或內疚。幼兒有神奇的思維，而且會害怕情緒的爆發，例如當他擔心母親的病情時，他會說：「我希望我能有另一個媽咪。」言下之意，其實他希望「另一個媽咪」是健健康康、不受病痛折磨的。

雖然幼兒會對失落產生情緒化的反應，但許多幼兒的悲傷期是短暫的，也就是他們往往不會長時間不舒服地保持強烈的情緒，所以他們表達悲傷的方式，可能是短暫、密集的爆發，接著就進入平靜期，不會再受到失落的影響。

悲傷也會影響孩子的思維及行為方式。他們可能會很難集中精神，或者在失落時表達自己的憤怒。他們可能會倒退至早期的行為，例如吸吮拇指或尿床。幼兒經常會以肢體的方式表現出悲傷，當失去熟悉的人或情況時，通常會喊這裡疼那裡痛，而且他們這麼說都不是騙人的。幼兒可能會誤把胸口的痛苦難受當作肚子痛，或者以身體的疼痛來傳達悲傷的痛苦。這種從身體疼痛反映內心痛苦的「好處」是：他們的抱怨會引起關注。

你可以透過認真聆聽孩子說話，讓他表達感受，藉此幫助孩子處理悲傷，這樣你就提供了真正的支持，並且教導他們如何有效因應負面情緒。你必須同理孩子的感受，幫助他們識別和解讀自己的失落感，並讓他們知道這樣的感受和反應是對失去的正常反應。

兒童也需要參加儀式，以紀念或追悼一項失落，這能讓他們宣洩強烈的情感，藉此感受並認識悲傷，他們需要知道悲傷是正常的，而且讓別人也感受到他的悲傷。大人不應該自動將兒童排除在葬禮或紀念儀式之外，你可以讓他們自己選擇是否要參加。為了幫孩子做出正確而有意義的選擇，孩子需要知道他將面臨的事情，例如儀式會如何舉行，以及該如何參與。在儀式中，應該要有一個大人在場協助孩子。如果你必須參與儀式，又或你自己也身陷悲傷中，那麼你就要將這項任務指派給有時間、有能力、也與孩子熟識的成人來執行。

孩童可以藉由抒發自己感受的方式，或從參加適齡的活動中受益，例如畫出自己的感覺、製作記憶盒子或進行治療遊戲。比起純粹跟不熟悉的大人說話，這些活動能讓孩子更自然地表達悲傷，還有激發創作或繪畫的優點。

「道基（Dougy）悲傷輔導中心」（dougy.org）和「全國悲傷兒童聯盟」（nationalallianceforgrievingchildren.org）能提供兒童相關資源，例如悲傷團體，或是悲傷兒童的營地計畫。

悲傷需要勇氣，對孩子來說，承認和面對不舒服的感覺更需要勇氣。身為大人，我們需要全面承認兒童的依附情感，並幫助他們充分表達悲傷。

二、老年人

正如我們試圖保護兒童一樣，我們也經常會保護長者。

幾年前，我母親和瑪麗姨媽的鄰居好友瑪奇在療養院去世了。當時我們的母親已經離世，但年近九十的姨媽仍然健在，雖然她身體虛弱，但腦子還很靈光。

我妹妹說：「我不打算告訴瑪麗姨媽，這個消息只會讓她難過。」我則持反對意見，我認為瑪麗姨媽有權知道一個多年未見的朋友已經過世，並決定是否要參加葬禮。我姨媽活得比她丈夫、獨子、她父母和她所有的兄弟姐妹都更久，我相信她可以處理瑪奇的過世。後來，我妹妹同意了，但要求我必須陪她一起對姨媽說這個消息。

一到姨媽家，她就懷疑是有事發生了。我們坐下來時，我妹妹承認此行是要傳達一項壞消息。我看到姨媽打起精神，準備面對不可避免的打擊。「我們剛剛聽說瑪奇過世了。」我們說道。在一瞬間，我姨媽似乎明顯鬆了一口氣，她說：「我以為她幾年前就去世了，在她進入禮蘭[2]後，我就沒有聽到她任何消息。」姨媽還說，很多人似乎認為老年人不能處理壞消息，她提醒我們，她這一生中已經應付了許多事。

我姨媽決定要送花，並參加守靈。之後，她要我們保證，當她去世時，我們會通知她所有仍然健在且所剩無幾的朋友們，因為她發現，雖然參加瑪奇的葬禮很令人傷感，但她很高興能有機會和好朋友道別。

我們會試著保護所謂的倖存者。但老年人需要的不是保密，而是支持。那些一輩子都在面對失去的人，對悲傷其實並不陌生。通常，我們善意的保護意圖只會產生並延長痛苦。例如，同樣也是年過九旬並住在養老院的伊蓮，身體相當虛弱。當她住在對岸、且甚少來訪的女兒過世時，她兒子決定隱瞞此事。他認為，因為媽媽很少看到姐姐，所以讓她免於悲傷，

2 編註：Leeland，長期照護機構的名稱。

會是仁慈之舉。但伊蓮很想念她女兒常寄來的卡片，以及偶爾的來電，她懷疑自己是否得罪了女兒，而這樣的想法導致她承受不必要的痛苦。

另外，當罹患失智症的長者失去所愛的人時，我們該如何做？這個問題沒有明確的答案，因為我們對失智症患者如何體驗和理解失落所知甚少。但是我們不該將「喪失認知」與「缺乏情感」畫上等號。或許從失智症患者行為的改變，以及不尋常或頻繁表現出激動、不安的情況，可以明顯看出其悲傷。

可能有些失智症患者無法意識到失去，但他們會隱約覺得有些事情不對勁，或者某個重要的人不見了，也許那是他們已認不得的人。失智症患者可能也會將現有的失去與早期的失去搞混，例如，失智症患者失去另一半時，他們可能會誤認為是自己的父親或母親過世。

在其他情況下，失智症患者可能無法記住某人已死的資訊，他們或許會反覆問這個人發生了什麼事情，甚至在難過沒多久後，又重提同樣的問題。碰到這種情況時，你自然會感到沮喪，也很難理解。有位照顧失智症母親的女兒就說道：「每次她問到父親，我就覺得自己好像被刀刺痛一樣。我知道她一定很想念他，但為什麼她不記得呢？為什麼她總要問同樣的問題？難道她不知道他已經死了嗎？」

當然，失智症患者的悲傷表達，會受到諸多因素的影響，包括疾病程度、覺知喪失、失去關係的即時性，以及對這項失落傳達個人反應的能力。隨著疾病的進展，這些因素可能會改變。在某個時候，失智症患者將不會留下對逝者的任何記憶。

你可以試著利用下面的方式了解患者的情緒。例如，他們的反應有模式可循嗎？反應或提問是在一天的特定時間出現嗎？它們是由任何特定事件、人物或其他線索引起的嗎？例如，每當失智症患者對失落提出問題或表達悲傷時，你利用一張照片或特定的回憶，是否有助於他們理解情況？又或者是要相反地，拿走任何會使失智症患者感到悲傷的紀念品或照片。

在這個艱困的時期，身為照顧者的你，務必也要記住自我照顧的重要性。你要先照顧好自己，才能長久而妥善地照顧別人。你也必須承認自己的悲傷，包括對逝者、對你所愛之人因罹患失智症而智力退化所經歷的失落，甚至在你放棄喜歡的活動以便擔負新責任、經歷改變時而產生的悲傷。

四、智障人士

像蘭迪一樣，智障人士會用許多方式表達失落和悲傷，這些方式包括肢體、情緒、認知、精神和行為，像是哭泣、沉默、退縮、睡眠障礙、軀體主訴（physical complaints）和抗拒改變。

然而，智障者可能會因殘障程度而難以理解死亡，他們會對抗「人死不能復生」的觀念，不斷詢問逝者何時會回來，或何時可以再與逝者交談。有時候，他們的情緒表達是扭曲的。像是每當蘭迪變得激動或緊張，就會傻笑，或神經質地對我竊笑說他父親去世的故事。有些智障人士可能會有「正向偏誤」（positive bias），這是一種開朗的個性，會掩蓋他們深刻的失落感。還有些智障人士會有嚴重的概念或言語限制，使別人難以理解他們的需求。

然而，「某人是否能被理解」並不是衡量「他們是否能夠理解」的良好標準。事實上，除了最嚴重的殘障者之外，所有人都可以感受並理解他們對於所愛之人的失落感。

有些照顧者過度保護殘障者，設法避免讓他們受到悲傷之痛，因為照顧者害怕他們無法應付一般人難以理解的悲傷和痛苦。然而在悲傷時，智障人士的需求和其他人一樣，他們也需要得到支持。他們需要有人解決並耐心回答他們的問題，他們也應該要有機會以自在的方式參加葬禮儀式。在葬禮中可以留出私人時間，讓他們和至親的家人好友一起參加特別的瞻仰遺容儀式。因此，他們要在信賴的人特別支持下參加葬禮。

蘭迪的家庭諮商師就是他的支持者。他向蘭迪的家人強調蘭迪對悲傷的需求，也陪同他參加葬禮，學習在葬禮上進行互動的方式。蘭迪的表現正常，當人們表示哀悼時，他會緊抓住他們的手，輕聲感謝對方的支持。就如同所有人一樣，像蘭迪這樣的智障者需要自己做出決定，並獲得尊重。

無法公開的死亡訊息

有人說，死亡是偉大的平等主義者，但那也是個迷思。因為死亡的方式不僅影響我們經歷的悲傷，也會影響我們獲得的支持。例如，想想因公殉職的英勇人士或戰死沙場的軍人，我們會建立紀念碑紀念他們，並在頌揚他們的英勇行為時公開哀悼他們的死亡。

然而，對於其他類型的死亡，我們會非常祕密或是在私人葬禮中哀悼。除了信任的親朋好友之外，我們不願意向任何人吐露這項訊息。

一、被污名化的死亡

有些死亡會因為自殺、凶殺或愛滋病而被污名化。

・自殺

以自殺來說，當事人的家庭可能會覺得遭到批判，或是被認定這種事只會發生在問題家庭中，這樣的想法讓我們覺得這種事永遠不會發生在自己身上。結果是，如果我們是自殺者的家屬，我們可能會對於對人吐露心情變得非常謹慎。

・凶殺案

許多凶殺案也會如自殺造成類似的反應。謀殺所包含的可怕細節，可能會在媒體和法庭訴訟程序中呈現。

在許多凶殺案中，企圖詆毀受害者是一個共同的反應，想指責受害者在錯誤的時間待在錯誤的地方。我們會同情的是被認為「無可非議」的受害者，而不是我們「會以不同觀點檢視」的受害者。

許多因凶殺案而起的悲傷，會因為可怕的真相而變得複雜。這個真相就是：我們被熟識者，甚至所愛之人殺害的機率，遠高於被陌生人殺害的機率。我們在檢視自身對於行兇者的複雜情緒時，可能會為受害者感到悲傷。

傑瑞米的父親常對母親家暴，傑瑞米在試圖保護母親時殺害了父親。他母親非常哀痛，不僅是為失去丈夫而悲傷（不論一直以來他們的關係如何矛盾），也為她十四歲的兒子失去清白而悲傷。

‧愛滋病

愛滋病也是一種被污名化的疾病，因為它常常與藥物濫用或同性戀有關，同時它也製造了極大的恐懼。

克莉斯汀的雙胞胎兒子都死於這種疾病，她經常被問到：「他們是怎麼得病的？」她已經學會如何避免這種她認為不適當的刺探，那就是跟對方說：「透過一般的方式。」

不健康的生活習慣

在其他死因中，吸菸、酒精中毒或濫用藥物等習慣或行為，會被認為導致疾病。如果對別人說，逝者是死於肺癌，對方一定會問：「他們有抽菸嗎？」這種帶有批判性的評論，會剝奪家屬悲傷的權利。

如果你對上述這些被污名化的死亡感到悲傷，可以在專門的支持性團體或網站中尋得安慰，例如「被害兒童父母組織」（pomc.org），或是「自殺死亡者家屬」（survivorsofsuicide.com）。這些專業團體的價值在於，它們的成員是曾被污名化，並且能了解你正遭逢他們曾有過的經歷的人們。

二、意外事故

車禍之類的意外事故，也可能讓人被剝奪悲傷的權利。法律可能會阻礙你尋求所需的支持，或甚至公開承認悲傷。這些類型的死亡通常需要經過刑事調查，而且如果不是刑事指控的話，至少也會有民事訴訟。在等待法律調查的過程中，當事人任何表達同情的行為都可以被誤解為承認有罪。

十幾歲的新手駕駛德瑞克不但撞毀了車子，同行的朋友也因而喪命。他很想跟朋友的父母聯絡，但被他的律師阻止，因為擔心他所說的任何事情都可能會干擾刑事和民事訴訟。他的律師建議德瑞克以寫信的方式，信寫好後，律師會檢查，等內容妥當，就將信交給他朋友的父母。但對德瑞克來說，這是一個糟糕的替代做法，因為他非常懷念與已故朋友家人的聯繫及互動。

找到適合你的悲傷方式

我們也可能剝奪以不同方式悲傷的那些人，亦即以看似不尋常的方式經歷、表達或應付其悲傷的人。

理性或感性的悲傷模式

在前一章中，我們討論了悲傷風格的連續性。在這個連續性的一端是感性的悲傷者，這種人會強烈感受到悲傷的情緒，並且以哭泣、叫喊的方式公開表達悲傷，或與他人談論他們的失落。而理性的悲傷者則會透過肢體或認知上經歷悲傷，例如，「當我聽到她過世，我只想逃跑。」「我一直想起他。」這類型的人會透過話語和行動來表達他們的悲傷。

有些人並未以我們認為他們「應該」如何表達悲傷的方式來表現傷痛，我們可能會剝奪這類人（包括我們自己）悲傷的權利。當我們和一個公開哭泣的男人在一起時，我們會感到無能為力，甚至尷尬。同樣地，當一個女人以理性或非情緒性的方式表達悲傷時，我們也會感到困惑。

時間也在悲傷過程中扮演重要的角色。在事過境遷後，我們會了解情緒反應。原本，我們可能還會懷疑那些似乎不願表現情感的人：「他們為什麼不哭？」然而，在一段時間之後，我們就會質疑那些似乎還在表達情感的人：「他們為什麼還在哭？」

前些時候，我在早上遇到一個精神抖擻跑步的長者。他的妻子最近過世，當我們談論他的失落時，他告訴我，每天晨跑對他很有幫助。「我曾經是個拳擊手，」他說，「我記得我的教練總是告訴我，『利用你最強的那隻手保持領先』。這是我們每個人在悲傷時可以記住的一個心得。」

社會文化會影響悲傷反應

文化也會有所影響。在某些文化中，較情緒化的表現是可被接受的，甚至也符合預期；但在某些文化中，這種原始的情緒並不被鼓勵，又或會被譴責。

當我年輕時，我的西班牙裔奶奶去世。我的家族相當融入美國文化，但也混合了西班牙和匈牙利傳統，在葬禮上，當我奶奶仍然健在的朋友在棺木旁大聲哭泣時，我們都感到尷尬。有位親戚還建議說，當那些人靠近棺木時，我們都應該舉一個身後的人都看得到的牌子，上面寫道：「我們不認識這些人」。我不知道他們對於我們沒有哭泣有何看法，但他們可能會想：「可憐的約瑟芬，她的家人很冷酷，都沒有人哭。」

每個文化對於人們應該如何哀悼都有期望。在某些文化中，一般期望寡婦長達一年，有時甚至一生都要穿著黑色服裝。對於人們應該如何悲傷，存在著世代差異，而且這種差異會隨著時間的推移而改變。在過去，男人沉默隱忍，現在我們社會的許多層面已不再強烈預期那種情況。但有一件事仍然不變：當你違反這些文化或世代規範時，你會發現自己獲得的支持有限，你的悲傷權利被剝奪了。

正如要悼念家庭成員的過世並非只有一種方式，也沒有一種類型的失落可以「證明」你的悲傷是有理的。有些規則會規範你要如何或何時才能夠經歷悲傷，你不應該讓你的悲傷受到這種規則壓抑，因為失落當然不會有任何規則可以遵循。

無論你為什麼，又或如何悲傷，你都無須一個人承擔。如果家人和朋友不了解或支持你，你必須從其他地方，例如諮商師或專門的支持性團體，尋求那種支持，讓被剝奪悲傷者也有悲傷的權利。

PART 4

幫助自己，也學會幫助別人

雖然處理悲傷並沒有處方，但知道自己的應對方式和了解他人的應對方式，可以讓你因應失落，並從中成長。

我們的祖先知道儀式的力量，但無論這種儀式如何強大，它們只標記你悲傷之旅的起點。當你在面臨喪親或喪偶等任何與失去有關的問題時，可以在悲傷旅程中的任何時候數度運用儀式的力量，讓它多次發揮功效。

此外，我們也將探索你展開悲傷之旅時需要履行的任務。知道在這個旅程中你不是獨自一人，會令人感到放心。在你對親人進行臨終照護時，依然能抱持許多希望，其中之一是，無論你是利用什麼方式，例如自助書籍、諮商師、支持性團體，以及你自己的朋友和家人，都可以找到能幫助你的資源。

有些人的傷痛較為複雜，尤其是長期和日益增加的悲傷，往往會讓他們出現更複雜的反應。我們將討論如果你無法靠一己之力走出哀痛時該怎麼辦，以及該如何尋得他人的幫助。

改變儘管痛苦，卻提供了成長的機會。有些人確實能在悲傷中成長，擁有全新的見解、獲得一技之長，甚至挖掘更深層的內心靈性。我希望你不僅能應付失落，也能從痛苦中成長。對你過去深愛、但現在成為悲傷回憶的對象而言，這會是一種非常特別的遺贈：一種痛苦的賜福，即使你陷入失落和痛苦中，它仍然觸動著你的心弦。

第十二章

儀式可以更有意義

桑德斯博士是悲傷研究的先驅。但她的角色不止如此，她同時也是妻子、母親，以及教堂唱詩班成員的鄰居。在她的葬禮上，三位致詞者分別是她的女兒、同事和唱詩班的成員，他們各自提及自己所知道的桑德斯。

她女兒回憶說，桑德斯是住在海岸警衛隊基地的軍人之妻。身為軍人家庭的一員，他們經常搬家。然而，當他們搬遷後，桑德斯會讓家中大家共用的公共空間（包括浴室、客廳、餐廳和廚房）都使用相同的顏色，以維持孩子們生活中的穩定感。

她的鄰居是個執拗的新英格蘭人，她說自己的拘謹如何在桑德斯輕鬆又溫暖的南方魅力下融化。桑德斯從北卡羅來納州的山區退休後，往北移居到佛蒙特州的尚普蘭湖畔，以便更靠近她女兒和孫子的住處。桑德斯會開玩笑說：「我想，我退休的方式完全錯了，有誰會搬到北方去？」

還有位同事分享了桑德斯在該領域的學術成就和貢獻，以及她在指導年輕同事時展現的善意。桑德斯曾經很害羞，但後來她發現身邊充滿了友誼和玩笑戲謔，同事們也都成為密友。

無論桑德斯在她人生中扮演的是什麼角色，來參加喪禮的每個人在離開時，都聽到他們所知和所愛的桑德斯的事蹟，而且大家也都得知一些關於她的新事情，以及值得敬佩之事。

悲傷不僅是你在某個時間點擁有的經歷，也是一場終生的旅程。所以，在生活中的不同時期，你回憶並標記你的失落和愛，是適當之舉。儀式提供做到這點的方法，它是一項強大的治療工具，能讓人驗證悲傷，並提供宣洩的機會。

有些葬禮是特別的。它們提供描述一個人的機會，讓我們在頌讚生命時，也能哀悼逝者。葬禮幫助我們面對失去，而我們也可以運用儀式在悲傷旅程中進行過渡與轉化。

從遠古時代開始，我們的祖先就在儀式中找到慰藉，甚至在有文字之前就已有儀式，這是處理失落最古老也最有效的方法之一。在史前和游牧時期，人類每年都會返回同一個地點，舉行儀式並懷念逝者。儀式是種中介狀態（liminal），存在於有意識和無意識之間的神聖空間中，以高度情緒性的反應方式影響我們。

最後的告別，不一樣的葬禮

研究已經清楚證明葬禮和追悼會的治療價值。

首先，葬禮證實了死亡的事實。不論遺體是否在場，人們都很難在這種儀式上持續否認死亡。儀式也協助人們表達悲傷，在此時此地，我們可以哭泣、分享故事、笑談有趣的回憶，並以任何方式公開表達悲傷。

在被打亂的生活與時間裡，葬禮能讓我們「有所行動」。當你的朋友和家人齊聚表達慰問時，葬禮提醒你，你是有人支持的，即使處在失落中，你並不孤單，你仍屬於一個親密的網絡，身處綿延持續的家庭和朋友群體中。葬禮和追悼會能為失去提供可能的意義，並提醒我們，無論我們的信仰是什麼，它都會在哀傷時跟我們對話。

當喪禮儀式讓悼念者有機會以自己舒適自在的程度參與時，這些儀式會變得更有意義。

我先前曾提到一位在自行車事故中過世的年輕少女，她父母以各種方式讓女兒的朋友們融入她的追悼會，包括參加唱詩禱告、擔任接待員或扶靈者，以及致悼詞。他們的參與顯示女兒對她的朋友而言有多特別。藉由讓朋友擔任重要的角色，也讓他們不僅是被動的觀禮者，她的父母和儀式都承認這些人在女兒生命中占有一席之地。

當我父親去世時，眾親朋好友都參與了葬禮。他的每個孩子和仍健在的朋友都致上簡短的悼詞，孫子們擔任扶靈者，他的牧師則負責主持。每個行動和敬意都突顯了我父親生命的獨特。

最有效的葬禮儀式是個人的，能突顯逝者的生命和獨特的貢獻，像是頌辭、影片和照片介紹，以及關於逝者的個人敘述，這些都有所助益。大多數人就像桑德斯一樣，在生活中扮演許多角色，悼念者可能需要和逝者的多重身分談話。我的學生在某方面認識我，我的同事對我則有不同的看法，而我的家人也是看到我的另一面。不論是公開性質的儀式或是個人葬禮都是具包容性的，能讓每個參與者都覺得他們是儀式的一部分。

讓喪禮變調的憤怒

如果你與逝者有著非常矛盾的關係，葬禮就不該被當做是解決個人問題的機會。

柯琳和她母親就有這樣的關係。三十年來，她母親艾琳每逢週末就會狂喝酒，她在擔任護理師工作時表現良好，但是一到週末就變成酒鬼。她退休後更是喝個不停，導致她英年早逝。在悼詞中，柯琳憤怒地公開提到她與母親的問題，令艾琳的同事以及前來致意的人感到震驚。

有些事情最好留待向親密的朋友、治療師，或是只在一個小型而私人的儀式中訴說。

面對失去，卻無法獲得親友的關懷，又或因為不能獲得社會上的支持，必須壓抑和隱藏，會使悲傷的感受無法被同理。

一、被剝奪悲傷的權利

對被剝奪悲傷權利的人來說，葬禮和紀念儀式可能會是個問題，因為他們無法舉行任何儀式。

例如，雖然離婚是普遍存在的生活事件，但幾乎沒有任何國家用儀式來標記它。此外，在許多失業的情況中，不僅沒有機會擁有任何形式的儀式悼念，甚至可能連好好離開的機會也沒有。在下班時被告知遭到解僱，或是在接到解僱通知後立即被護送離開辦公室，已經是司空見慣的事。

二、被親友忽略

有時，你可能在無意中排除了某些人，也許是為了避免他們受到我們認為難以應對事件的傷害。例如，你可能不會讓智障者有機會決定是否參與儀式，又或是因為距離太遠、無法及時聽到朋友的噩耗等各種原因，而無法參加葬禮。

當某個家庭想要將焦點專注於自己的悲傷時，朋友的角色或類似的親密關係可能會被忽略、不被認可或承認。即使他們參加了葬禮，而且相信他們也是出於尊重逝者和支持家屬而出席，但他們在逝者人生中的角色也可能會遭到忽視。

在中年時，露西失去摯友。她說：「漢娜是我高中後最要好的朋友，我們還一起上大學。即使我們已經結婚，住在不同的城市，每週仍至少會聊天一次。我們兩家人每年也都會一起度假。每年十二月初，我們會在紐約市碰面，共度聖誕節購物週末假期。她去世時，我當然有參加葬禮，她家人也很高興見到我。葬禮現場有個貼滿照片的大型展示板，但沒有一張有漢娜和我，或甚至是兩家人的合照。我真的很想大喊：『我也是她人生的一部分啊！』」

三、不被承認的關係

在某些情況中，排除的做法是故意的，這代表不贊成逝者的某種生活方式、關係或個人，例如你可能不想要前配偶或已分手的情人出席葬禮。這時，禮儀師和神職人員等儀式主持人，可以詢問近親家屬的意見，並提供不同的選擇。

有位禮儀師就描述一個案例：「逝者已成年的兒子要我『確保父親的情婦不會現身』，我老實告訴他，我不知道要怎樣才能辦到。我解釋說，我們可以辦一場不對外公開的葬禮，由他提供邀請的賓客名單，只有名單上的人才能入場，不然就是由我詢問每位進來的女士，問她們是不是逝者的情婦。兒子也看出他所提的要求有難處，於是我便提供一個建議：我會打電話給那位女士，並邀請她前來私下瞻仰遺容。他和逝者的家人們討論了這個選擇，對方同意了，後來他也很感謝我幫助家人避開不自在的場面。」

創造替代的儀式

葬禮和一些紀念儀式雖然很重要，但也有局限性，它們可能在有意或無意間排除特定的悲傷者，像是距離太遠或角色是否適合的問題，可能就會先排除了部分的參與者，或者儀式不符合不同悼念者的精神或文化需求。在這種情況下，進行替代儀式就具有其價值。

替代儀式提供了一種承認特殊關係或獨特身分的方式，它們也可以用於解決多元化問題，例如我們屬於不同的文化，擁有不同的信仰等情況。我姑媽尼娜是個百分百的自由思想者和不可知論者，家族中大部分的成員都是基督徒，在妮娜姑媽去世前，她要女兒溫蒂為她舉辦一個大型派對，不需要葬禮，也沒有宗教儀式。但妮娜的家人顯然一點都不滿意。她女兒想尊重母親的意願，但也明白家族其他成員的需要，於是邀請他們進行不同於紀念活動的宗教性葬禮。

替代儀式不僅可以滿足不同的宗教或精神需要，也可以符合文化需求。一位希臘裔美國人在他姐姐去世時分享了他的故事。「我的家人感情豐沛。我們的文化要求生者要在葬禮上哭泣，這是尊重的表現。我知道我姐夫的家人會感到震驚。因為替他們著想，所以我們在葬禮上相當克制。但當我們回到墳前，就以自己的方式表達悲傷。」

葬禮儀式代表你悲傷旅程的開始。許多信仰傳統有各種儀式，標記著旅程中的各個時點。例如，猶太人會在第一年忌日進行逝者頌禱（yahrzeit）儀式，也會用紀念碑的揭幕或獻辭來標記忌日。天主教徒則可以舉行週年彌撒。此外，許多基督徒會利用十一月一日的萬聖節，或是十二月二日的諸靈節來紀念那些逝者。許多信仰傳統都會在十二月份一起舉行冬至或夜最長儀式，以幫助一些喪親者在耶誕節或光明節慶典中解決可能面臨的特殊問題。

你當然也可以在覺得需要儀式的時間點，創造自己的儀式，例如在假期或是忌日，又或生活中的其他里程碑，進行的方式可以簡單、精心安排又或是公開，形式不拘。例如有個遇害州警的家屬每年都會舉辦紀念活動，並進行慈善募款，數百名朋友、家人、州警和地方警察也都會參與其中。

我們可以在一些儀式中追念逝者，也許是在假期敬酒時懷念他們。我兒子跟他祖母很親近，他對於去世的祖母無法參加他的婚禮覺得很失望，所以我們就在他婚禮一開始點燃一根蠟燭，紀念我們所愛的人，並且象徵著他們的精神存在我們的心靈和記憶中。

另類的生前追思會

多年來，我跟一年一度在專業協會會議上見面的一小群同事變得非常親近，久而久之，我們決定辦個秋季聚會，時間大約是在距離開會前的半年，輪流在不同成員的家中舉行。

待我們年紀漸長，很清楚萬一我們之中有人發生什麼事，可能要過一段時間大家才會得知，如果有成員過世，也並非每個人都可以參加葬禮。於是，我們建立自己的儀式，這種儀式類似湯鼎式養老金制[1]。一旦有團體成員過世時，我們就將這個人名字的縮寫刻在一系列的杯子上。在晚餐時，我們會拿出杯子，舉杯敬酒，並且追憶故友。最後一個活著的人將保有所有收藏的杯子。我發現，知道自己會被人這樣記住，覺得既安心又安慰。畢竟，我們已經相處這麼久了。

說再見之後的治療儀式

在開始對個案提供諮商後，我逐漸對於在治療過程中使用儀式產生興趣。儀式很強大有力，所以我會請對方創造自己的儀式，因為在悲傷旅程中會很需要這麼做。這些儀式將參與者的精神／人文信仰及其文化連結起來，有些人設計出自己單獨進行的儀式，有些人則是邀請家人或朋友一起參與，這些儀式在悲傷旅程中的各個時點反映了各種不同的需求。

一、持續性儀式

持續性儀式能揭示我們與失去的人擁有持續性連結。例如，在假日或生日時點一根蠟燭，緬懷我們所愛的人；在陣亡將士紀念日或退伍軍人節的紀念儀式上，向逝者獻上花圈；又或在母親節或父親節等假日到墳前獻花；還有愛滋紀念被單或捐贈者被單[2]，也代表喪親家屬、朋友、戀人等經歷失去的人，記得這些被紀念的人至今仍然是他們生活中的一部分。

即使失去並非因死亡而起，持續性的儀式也會有所幫助。例如，有位寄養家長為離開的寄養孩子們製作一本紀念冊，裡面全是孩子寄居時的照片。

1 編註：tontine，由一群人共同出資設立一筆養老金，生者所享有的份額隨著死者的增加而增加。
2 編註：Donor Quilts，供家屬紀念捐贈器官的已故家人。

二、過渡儀式

過渡儀式標記了經歷失落以來的改變或動態。我見過一些強大的過渡儀式，其中一項，是中年婦女蕾拉說到，她丈夫因長期的慢性疾病而過世。在生病之前，她丈夫身體健康又強壯。正如蕾拉所說，她丈夫沒有「做好」病人這個角色，照護工作讓夫妻倆都很緊張。幾年後，蕾拉仍捨不得拿下她的結婚戒指，但現在她已經準備好重新開始和其他人交往。她不能在約會時手指上還戴著婚戒，只不過要拿下戒指內心難免還是會有一番掙扎。

當我們討論這個困境時，她意識到這個戒指曾經對她意義重大。在丈夫生病的艱難時期，他們經常爭吵。但每天晚上，他們會一起就寢，握住彼此的手，這樣他們的婚戒就會碰在一起，提醒彼此曾在婚禮時所說的誓詞：「不論生病或健康，都要忠於對方。」這給了他們繼續共同走下去的力量。顯然，因為戒指是在具有重大意義的儀式中戴上的，也必須在儀式中才能夠脫下，所以我們在她當初結婚的教堂中安排一項由牧師主持的儀式。

某個星期天下午，做完彌撒後，在家人在場之下，牧師請蕾拉走到祭壇，他複述誓詞，只不過現在是用過去式。「不論境遇好壞，不論生病或健康，妳都會永遠忠誠嗎？」在見證人的面前，蕾拉可以證實她的確曾經做到過。「我現在可以取下戒指嗎？」牧師拖長聲音問道。她後來說，她終於能脫下戒指了，「那感覺就好像變魔術一樣。」

她丈夫去世時，疾病把他折磨得骨瘦如柴，戒指戴在手指上變得很鬆。他過世後，蕾拉取下他的戒指保存著。牧師把兩個戒指互鎖，並且焊接到她的婚禮相框上，象徵著這個誓言已經完成了。

三、和解儀式

和解儀式允許個人為自己提供或接受寬恕的機會，或是完成未竟之事。

我曾對一名年輕女孩羅莎提供諮商，她當時正處理母親過世的事宜。她母親是靜脈注射藥癮者，因愛滋病而過世。在女兒的生命中，每當她母親毒癮復發而再次使用毒品時，她就被安置在一個親屬寄養家庭裡。當然，羅莎對她母親的感覺是極度矛盾的。

我問羅莎，她母親現在在哪裡。羅莎回答說，她母親是魔鬼。她認為好人過世時會上天堂，接受天使的翅膀；而壞人會下地獄，被燒得只剩骨架。在這兩者之間，人們則會變成鬼魂。有一天羅莎說，她母親現在可以去天堂了，她已經達到能夠原諒母親吸毒並疏於照顧她的境界。

於是，我們創造了一個儀式。在儀式中，她母親接受了天使的翅膀，並且獲得她女兒的寬恕。在她母親的照片上，羅莎貼上用小桌布製作的天使翅膀，然後請我們燒了照片和翅膀，象徵母親能夠飛到天堂。

我認為有趣的一點是，這位母親還是得受到焚燒，即使是在有幾分淨化成分的火焰之中。

四、確認儀式

確認儀式讓我們能為從逝者、失去的人那裡獲得的遺產，又或是從經驗裡學到的教訓說聲感謝。

泰隆在對抗酗酒問題時，一直強烈感受到他父親對他的擔心。不幸的是，等到泰隆滴酒不沾時，他父親已經罹患早發性失智症，並且很快就過世了。二十年來，泰隆每年都會去掃墓，藉此標示他戒酒後又過了一年。他在墳前感謝父親的耐心和支持，並向父親保證，他履行了戒酒並保持清醒的承諾。他在儀式中會把一罐啤酒灑在墳地上，並重述父親對他的勸誡：「把啤酒倒進排水溝裡。」

凱爾也因為一種確認儀式而受益。凱爾才四歲時，父親就過世了。他父親生前請他的朋友、也就是凱爾的教父要特別照顧他。他的教父因而成為凱爾的代理父親。當凱爾進入青春期時，他創造了一個儀式，感謝他父親在他生命中安排這樣一位給予支持的大人。在一項家庭儀式中，凱爾的教父把他父親委託他保管的手錶給了他。凱爾感謝父親給他的所有禮物，特別是他母親和教父持續付出的關愛和支持。

五、創造儀式

在創造治療儀式時，你要記住一些事情。首先，儀式一向是源自你自己的故事，你的儀式跟你一樣是獨特的。你的故事將顯示，在某個特定時間可能需要什麼類型的儀式。

第二，有效的儀式兼具含有象徵意義的明顯元素。對蕾拉來說，戒指象徵著她對丈夫生病與否都不離不棄的承諾。對羅莎來說，翅膀代表著她對母親的寬恕。泰隆倒掉啤酒，既是他對父親願望的尊重，也是清醒的保證。

你也可以決定是否願意讓人見證你的儀式。有些儀式是私人性質的，但是有些儀式，例如蕾拉的儀式，需要見證人，以獲得治療的效果。

你也需要規劃儀式，這會決定你想要擁有的儀式性質。當蕾拉和我規劃她的儀式時，我問她，要是她能將戒指拿下，她打算如何處理戒指。因為如果她一直過不了自己這關，很可能後來她還是會把戒指又戴回手上。允許牧師讓她的戒指與丈夫的戒指相扣連結，並且焊接到他們的婚禮照片上，這項決定不僅解決她會持續戴著戒指的可能性，而且還提供了令人滿意的象徵意義：誓言已經完成。

你也必須在規劃時處理一些實際的考量。蕾拉要求親友大老遠跑去參加她的個人儀式，且儀式將在十二點正午的彌撒（她先夫的週年彌撒）之後開始。我們認為儀式會在下午一點之後結束，但教會距離蕾拉的家有一小時的車程。她豈能只是感謝大家出席，然後就讓他們回去？於是蕾拉決定，她要租用教會的團契廳，並找外燴提供便餐。

最後，除了規劃類似的儀式之外，你還需要想辦法處理你所遇到的問題。像是：你在儀式中覺得如何？你在舉行儀式時有何想法？有什麼地方讓你感覺不錯？有哪方面似乎沒有達到很好的效果？還有什麼需要做的嗎？有很多方法可以確認這些問題的答案，例如你可以與諮商師、朋友一起討論，或是書寫在日記中進行思考。

當你設計一項儀式時，你會想用不會傷害他人，或不會使其他哀悼者的悲傷更複雜的方式進行。我正在對一位痛失摯愛的寡婦提供諮商，在我們討論的過程中，顯然她丈夫曾有一段長期持續、而且完全出乎她意料的婚外情，而第三者也會參與在她丈夫墳前舉行的儀式。

無論你與逝者的關係如何，你都有權利悲傷，但你不需要以踐踏其他悼念者的權利或回憶的方式來進行。

第十三章

求助，讓情緒有出口

達琳在內心並沒有好好處理她丈夫法蘭克的辭世。自從他五十五歲時因為嚴重中風而過世，她終日以淚洗面。丈夫去世後，她幾乎失去處理事情的能力。有時她甚至認為，沒有了法蘭克，她已經失去活下去的理由。

她非常想念他。連最細微的事物，例如一首歌、一張照片，都可以觸發悲傷。兩天前，她和朋友相約用餐，但她還沒有吃到東西就離開了，因為有個人點了奶油蒜頭檸檬蝦，而那正是法蘭克生前必點的一道菜。由於達琳變得極度情緒化，她發現自己更加孤立了。

她在工作上也遇到問題。她的公司起先對她喪夫的憾事抱持非常同情和支持的態度，還給她兩週的全新喪假，但是後來對她的績效和出勤率漸漸變得不耐煩。她經常遲到和請假，這使她的工作岌岌可危。她早上常爬不起來，晚上得靠喝幾杯烈酒才能入睡。

甚至連她與家人的關係也受到影響。她抱怨自己寂寞，但是當孩子們和他們的家人邀她到家裡時，她卻經常自怨自艾說道：「你不會想要一個悲傷的寡婦在你身邊。」最後，她女兒強迫她去看一位悲傷治療師。達琳認為這種幫助的介入不僅保住她的工作，也可能救了她的命。

自助有時並不夠。對許多人來說，失去會導致許多問題，包括憂鬱、焦慮、酗酒或藥物濫用，這會使我們身體不適或自我毀滅。重大的失落會增加我們的生病機率，甚至害我們喪命。它也影響我們的心理健康，據估計，在生活中經歷重大失落後，有一〇％到二〇％的悲傷者會出現更複雜的反應，需要進行心理上的協助。

事實上，在美國精神醫學學會出版的指導手冊《精神疾病診斷與統計手冊》（DSM-5）修訂版中，各種不同的病症都提到悲傷的併發症，包括憂鬱症、焦慮症和適應障礙症。此外，《精神疾病診斷與統計手冊》建議，持續複雜傷慟症（persistent complex bereavement disorder）這種新的診斷，值得進一步研究，並應納入隨後的修訂中。這種新增的疾病，有一些表現形式，包括覺得生活毫無意義、對失落極度痛苦和憤怒，以及感覺自己的大部分已經死去，這些都會造成情緒麻木。顯然，並不是所有人都能自己處理悲傷。

悲傷的併發症

一、身體健康的問題

第二章討論了悲傷可能影響健康的幾個方面。顯然有大量的研究指出，身體的症狀和疾病可能是悲傷真正的併發症，特別是對碰到老伴過世的年長者。

悲傷會帶來壓力，而壓力對我們的健康有負面影響。此外，大多數人都是死於慢性病，而慢性病受到不良飲食、飲酒或抽菸，以及關係親近者都缺乏運動所影響。最後，配偶過世時，倖存的另一半可能會改變自己的生活方式，更重視健康。

當你悲傷時，應該仔細監控自身的健康狀況。在面臨壓力時，應保持運動習慣、注意飲食和睡眠，以及按規定服藥，這些都很重要。此外，還要避免從事有害健康的行為，例如濫用藥物、酗酒或其他自毀的行為。

二、心理健康的問題

典型的悲傷與精神疾病不同，這是對於失去的正常反應，是我們為愛付出的代價，也是一種症候群，其中包含了身體、情感、行為、社會、精神和認知反應等一系列反應。

典型的悲傷反應（稱為「非複雜的喪親之痛」）列在「可能成為臨床關注焦點的其他條件」的廣泛類別中，這代表雖然典型悲傷不是一種疾病，但個人可以從與心理健康專業人士討論他們的反應中獲益。

《精神疾病診斷與統計手冊》列出許多可能因為失落而觸發或複雜化的精神疾病。在這份文件最新版的變動之一，是將「喪親之痛排除條款」排除在嚴重憂鬱症的診斷之外，這代表除了極少數情況外，否則不應該對才剛經歷失去的人做出憂鬱症的診斷。這樣做是為了避免將正常的悲傷反應，與憂鬱症的症狀，以及用藥過度的悲傷者相混淆。

但仔細想想，你可以失去一條腿或失業而被診斷為罹患憂鬱症，但失去配偶時卻不能確診為憂鬱症，這樣的說法似乎很愚蠢。《精神疾病診斷與統計手冊》就試圖仔細區分這兩者的不同。此外，它也指出，憂鬱症是一種更持久的反應，而悲傷可能會以一波波的孤獨和哀傷來襲。例如，在悲傷時，你可能會感到內疚和遺憾；但若是罹患憂鬱症，你可能會覺得失去自我。在悲傷時，如果你考慮尋短，這可能是因為你想要和逝者在一起；而憂鬱症患者之所以有自殺的念頭，是因為他感到自己毫無價值，或無法應付憂鬱症之苦。

如果你認為自己很抑鬱，而且長達一段時間（為期兩週或更久），例如對以前喜歡的活動失去興趣；食慾或睡眠模式改變；產生妨礙你工作與行為能力的疲勞、倦怠或其他相關反應，你就應該尋求幫助。如果你有憂鬱症病史，或憂鬱症是家族遺傳疾病，你更該對這些反應特別敏感。正常治療通常包含悲傷諮詢和使用抗憂鬱藥物。

重大失落可能引發焦慮症。《精神疾病診斷與統計手冊》將這兩者所做出的區別是，悲傷包含對逝者的渴望，而害怕與其他依附者分離是分離焦慮症的核心因素。這意味著，你所經歷的失落不僅會使你對逝者產生悲傷，也會使你對即將失去所愛之人持續感到焦慮。與任何精神障礙一樣，這並不代表瞬間的焦慮感，而是長期且持續的反應，並且將損害你在關鍵角色中發揮作用的能力。

例如，阿萊亞自從母親去世後，她愈來愈焦慮，深怕其他家庭成員也過世。她經常打電話給在工作中的丈夫迦勒，確認他安然無恙，次數頻繁到連主管都注意到了。阿萊亞很討厭上班（雖然這是她曾經很重視的工作），因為她害怕在上班時，孩子會發生意外。

最後，該手冊還指出，有種稱為「持續性複雜喪慟症」（persistent complex bereavement-related disorder）的病症，是有待進一步研究的創傷或壓力相關障礙。這是指某個人在失去對方後，嚴重削弱了他的生活運作能力。

三、其他複雜的情況

・持續而複雜的哀傷

雖然許多人具有復原力，或是會經歷正常的悲傷反應，但有些悲傷過程比較複雜。在長期悲傷中，痛苦是從較高的層級開始，而且會一直持續。隨著時間流逝，痛苦程度也不見改善，至少沒有專業人員協助就無法做到。你可以體認到自己的悲傷是複雜的，並且承認你不知怎的，就是無法以令人滿意的方式適應失落和重新投入生活。即使在幾年後，一個小小的提醒或瞬間的記憶，都可能令你觸景傷情，潸然淚下。一波波強烈的悲傷似乎永遠無法減輕。事實上，過了幾個月，你在悲傷之旅中經歷的低點也是一樣劇烈、一樣經常出現，而且也同樣持續良久。你被「困」在你的悲傷中。

對逝者懷著綿延不絕的思念、強烈的悲痛，一心只想著逝者和死亡的情景，以及對我們在生活上失去能力的持續性破壞，這些全都是建議該列為「持續性複雜喪慟症」症狀的經歷。

蓋爾就符合這種模式。她十六歲的女兒已經過世兩年多，她承認，很多朋友都對「提供支持」感到厭倦了。有位表弟略為嚴肅地提醒她，事隔一年，她應該「繼續往前走了」。但對蓋爾來說，悲傷如影隨形，她經常想到女兒，也常發現自己在哭泣。她覺得自己每天在家裡如同「行屍走肉般地做事」，但還是有很多事情沒有處理。她請假暫離教職，現在還沒有銷假的打算。一想到回學校，會看到走廊上的女孩們就感到害怕。對蓋爾來說，「可能會覺得好些」的念頭不僅很遙遠，而且這樣想也像是對她女兒不忠。

像蓋爾這種長期悲傷者，可能需要對她加以鼓勵和支持，她才會尋求專業協助。例如，蓋爾對失落的強烈反應有一些根本因素，針對這些因素進行心理評估會有幫助。有些非常有希望的新療法，例如複雜的悲傷治療，結合了與悲傷有關的教育、對失落經驗的安全和結構化重述，以及在關係和失落中尋求有意義的嘗試。治療對於幫助人們體認到悲傷包含了處理失落、重建生活，並在失去後創造新的生活目標等層面上很有助益。

・日益增加的悲傷

另一個複雜的歷程是悲傷日益增加。你可能一開始似乎應對很好，但是隨著時間往前推移，失落和悲傷不減反增，這可能是一種延遲悲傷（delayed grief）的形式。這種反應有很多原因。在某些情況下，可能你當時沒有太多的社會支持。例如當安妮的成年兒子丹因心臟病發作而猝逝時，包括安妮在內的人全都將注意力集中在丹的妻子和幼兒身上。直到後來，安妮才開始留意自己的失落和悲傷。

有時候，另一個失落或事件可能會引發這種不斷往上提升的悲傷。吉姆神父是聖公會牧師，他因為愛犬剛剛死去而哀痛欲絕。但他對自己的反應感到困擾，因為在過去一年裡，他母親和一位親愛的叔叔相繼過世，他都妥善處理了這兩項逝去，負責主持葬禮並出殯安葬儀式。他還貼心地安慰其他家人，有效率地處理所有細節瑣事，包括認證遺囑和處理遺產。他被身邊的人稱讚為中流砥柱。吉姆自問：「什麼樣的人，可以處理這兩種美好至親的死亡，卻不知為何會為了一隻狗的離世而崩潰？這樣的結果在我與他們的關係中究竟代表什麼？」顯然，吉姆壓抑自己對這些早期失落的悲傷，用他認為自己需要完成的許多工作掩飾哀痛。但失去狗狗則完全是屬於他個人的失落，他能做的只有哀悼。如今，他獨自為所有的失去感到悲痛。

如果你正經歷愈來愈深重的悲傷，請透過諮商確定哪些因素可能會增加悲傷。諮商於此時格外有用，因為如果缺乏支持可能導致這種悲傷愈來愈嚴重；而且由於距離最初的失去已經過了相當長的時間，再獲得的支持可能有限。

• 隱藏在行為或情緒問題後的悲傷

在此，我們繼續更進一步了解悲傷的複雜性。例如，悲傷可能被誇大，例如在展現悲傷的一種或多種表現時（像是憤怒或內疚），悲傷情緒的程度與之相較往往不成比例；或者，在另一種情況中（也許是濫用藥物或酒精中毒），隱藏在其底層深處的是悲傷的難題。

悲傷之所以變得複雜，是有原因的。如果你曾有過精神健康的問題，例如憂鬱症或焦慮症，重大失落可能會讓該病症復發。如果你曾經歷重大的失落，你也比較可能會有複雜的悲傷反應。當你遭逢這些早期失落時，可能會削弱你與別人產生連結或依附他人的能力。雖然你會尋求對他人的依附，但並不太相信它。你也會退縮，這使得你與他人的關係有些矛盾，而令你的悲傷變得複雜。

・你與逝者間的高度依賴

與逝者關係的親密與否也很重要。如果你很依賴逝者，你的悲傷會更複雜，因為失去對方使你感到無助。你會不知所措，不確定在失去對方的支持後，是否還能繼續活下去。如果你對這個人極度依賴，你可能會覺得對方的離世使你變得渺小了，你的某個部分現在已經消失不見了。

相反地，如果逝者非常依賴你，你會覺得自己辜負了對方。即使在正常的親子依賴關係中，父母也往往會覺得是自己對不起孩子。這就是為什麼孩子的死亡本身就是悲傷複雜化的原因之一。

・發現逝者不為人知的一面

高度矛盾的關係也可能使悲傷很複雜，複雜的感覺（你對這個人又愛又恨）會綁架你的悲傷。你會發現，如果逝者仍在世，有些事你會想重新來過，像是收回你已說過或做過的事情，或是完成你未說或未做的事情。

有時候，你是在逝者過世後才得知關於對方的訊息，這會使你的悲傷變得複雜。有個例子。父母對因為服用藥物過量致死的青春期兒子過世感到悲傷。他們的兒子曾經是模範生和明星運動員，起初他們認為用藥過量是可怕的意外或同儕壓力所造成的，但後來他們發現，兒子疑似是高中裡的毒販，受到警方監視已有一段時間。當他們在兒子的房間發現藏有兩千多美元和一堆非法毒品時，證實了他們的恐懼。另一個例子，則是有位妻子得知她經常出差的丈夫原來有個情婦和私生子。

就上述兩種情況而言，他們所愛之人的形象在過世後受到極大的挑戰。他們意識到，對方有著他們從不知道的一面，因此開始質疑他們對那個人曾相信和信任的一切。

・死因讓悲傷變得複雜

悲傷會因為死亡的性質，如因暴力致死又或意外死亡等原因而變得複雜。在此情況下，你必須努力處理「如果當初不是這樣，又會變成怎樣？」這類事後諸葛的問題。

・內疚

當你長期參與逝者生前的照護工作時，久病可能會增加你矛盾和複雜的悲傷。你被責任的重擔壓得喘不過氣來，很容易、也很自然會希望這種情況能早點結束。而這種想法會增添內疚感。

- **多重失去**

要處理一項失去已經很困難了，如果你在短時間內還要處理多重失去，或者對抗諸如健康、工作或經濟壓力等其他問題，那麼處理你的失落感一定會更加困難。

- **悲傷剝奪**

如果你的悲傷被剝奪了權利，又或者必須獨自應付悲傷，因為無法獲得支持，這時求助於諮商輔導會有幫助。

讓別人幫你走出悲傷幽谷

悲傷不是一種疾病，而是一種雖屬過渡性質卻是正常的生活經驗。然而，有時你的悲傷可能很複雜，自助還不足以應付。如果你需要尋求專業的支持，請確保你得到的支持，來自能懂得你悲傷的那些人。

何時尋求支持

尋求專業支持的第一個原因是，你認為自己可能需要悲傷諮詢或團體支持，或是從中獲益。即使你的悲傷並不複雜，這種支持也可以在許多方面發揮功用。

首先，它能讓你知道，你面對這個困難時所產生的反應是可預期的，特別是當你首次經歷重大失落時，懷疑自己的反應是不尋常或有問題，是很常見的情況。其次，你可以探索自己的因應方式，善用自身優勢，並學習彌補應對上的弱點，更妥善因應困境。最後，諮商也能提供具體的支持，確保你可以應付失落。

當你的支持系統有限又或無法運用時，你也應該考慮尋求悲傷支持。隨著年齡的增長，你會發現，你曾經仰賴能幫助你度過危機的人，有很多已不在人世。在其他情況例如，假設你離家上大學、跟隨軍隊派駐，或到外地工作，你的支持系統可能會很分散或與你相隔遙遠。此時，支持性團體或諮商師可以填補這個缺口。

如果你有自毀的念頭，例如自殺或想傷害別人，更應立即尋求協助。如果你的悲傷是會讓人失能，也就是說，你在經歷憂鬱、焦慮或傷痛一段時間後，仍無法走出來，就需要專業協助。

此外，如果你有個人或家庭的憂鬱症或焦慮症史，在接受他人的幫助與支持後，就可以避免觸發這種反應。

如何獲得支持

尋求心靈上的專業支持時，你需要找從事心理健康這類工作的專業人士，例如心理諮商師、治療師、精神科醫生、心理醫師、社工或教牧協談師，他們具有應對悲傷的最新知識。

然而，悲傷諮詢通常被視為是一種重要的諮商技巧，所以社會大眾以為所有諮商師都應該能提供悲傷諮詢，但是許多諮商師並沒有與時俱進，仍使用較舊的模式，例如以下的理論：「每個人都必須經歷某些階段，例如否認、討價還價、憤怒和憂鬱，才能夠達到接受的階段。」去找滿腦子都是這些老舊模式的人，就如同去看癌症醫生，他使用曾於一九六九年盛行、但如今卻早已過時的治療法是一樣的道理。你需要的是能識別我們悲傷的治療師，以及我們如何能繼續與逝者保持連結的各種方式。

如果你需要轉介，相關機構也有良好的管道。像是安寧病房通常有擔任喪慟諮商師的人員以及當地的轉介來源。殯儀館也可能有轉介清單。哥倫比亞大學複雜悲傷中心（Center for Complicated Grief at Columbia University, complexgrief.org）的凱撒琳．席爾博士（Dr. Katherine Shear）開發了一種非常有希望的複雜悲傷療法，並可提供轉介，尋找受過培訓的臨床醫生診療。死亡教育與諮商協會（Association for Death Education and Counseling, adec.org）和美國安寧療護基金會（Hospice Foundation of America, hospicefoundation.org）也可以提供轉介。

無論轉介的來源是什麼，在建立治療關係之前，你都應該和諮商師面談。你可以詢問對方，像是：「你在悲傷諮詢上是否受過特殊訓練或具備認證？」「你是死亡教育與諮商協會的成員，還是與悲傷諮詢有關的其他專業組織成員？」「你的諮商是根據哪些理論和方法？」你要非常注意他們是否提到階段模式。我會採用提供諸如以下答案的治療師：瑪格麗特．斯特羅貝（Margaret Stroebe）和亨克．舒特（Henk Schut）的雙重過程模型、泰芮絲．蘭度的六個R（Six R）過程，或是沃登（Worden）的任務模式。

另一個問題是：「你用什麼方法來治療比較複雜的悲傷形式？」目前治療複雜悲傷的方法，例如複雜悲傷療法或再述療癒（Restorative Retelling）等，傾向於使用類似的方式，融入認知療法和關於悲傷過程的教育。此外，他們也會應用某種形式的影像，讓你藉此想像與逝者對話。

第十四章

讓「悲」不再「傷」

約翰．沃許（John Walsh）是一家飯店管理公司的合夥人。在一九八一年夏天，他六歲的兒子亞當（Adam）走失了。警方以有些事不關己的態度向他保證，失蹤兒童往往不久後就會回來。十六天後，亞當被斬下的頭顱在距離住家一百多英里的排水溝中被發現。

約翰對他兒子的過世深感悲痛，他透過建立倡導關注失蹤和剝削兒童的非營利組織「亞當．沃許兒童資源中心」（Adam Walsh Child Resource Center）來紀念亞當。該中心協助透過制訂一條全國性罪犯名錄的法律，並促使機構之間能彼此合作，協尋失蹤兒童。許多商店現在已經建立一個「亞當代碼」（Code Adam）的警報系統，當有人通報兒童在店裡走失時，就會立即封鎖場地出口和入口以找人。

根據連續殺人犯奧蒂斯．托爾（Ottis Toole）後來改變的供詞，以及據稱是對他姪女所做的臨終自白，約翰相信，托爾謀殺了他的兒子。約翰也主持幫助逮捕大約一千名逃犯的實境節目「美國頭號通緝要犯」。他認為，如果這種全國性節目之前就存在，托爾和他的同謀亨利．李．盧卡斯（Henry Lee Lucas）可能在綁架亞當之前就被逮捕了。

雖然這一切都沒能讓亞當起死回生，但約翰在悲傷中仍有選擇。他選擇使世界上千千萬萬個亞當——其他走失和被剝削的孩子能更安全，也作為他兒子死亡和生命的遺緒。

有些人因為失去而深受打擊，但有些人儘管面臨失落，卻依舊成長。容光煥發的寡婦能夠將配偶的過世當作成長的動力；有些孩子因為失去父母而感到震驚，卻仍然追求成就和力量，作為強化脆弱心靈的方式。

談論如何能在悲傷中成長，可能看似麻木不仁，甚至是殘酷的。畢竟，在你陷入痛苦時，試圖認為自己的失去可能有光明面，是不合適的。在諮商時，我通常會等客戶主動先提到他在悲傷中仍有所成長時，我才會放心問對方：「你有注意到自己在其他領域的任何成長嗎？」

但事實是，你最終還是得決定，你會在失去的遭遇中成長或退縮。你對「生活將會改變」這一點已經別無選擇，這是失去不可逆的一個層面，但你確實可以選擇如何改變。有些人在面對失去時選擇「成長」，你可以從那些人的故事中學習，這些經驗教訓提醒你，你可以做的不僅是應付失落。你會知道，無論悲傷有多痛苦，都可以提供成長的機會。

悲傷能讓人成長

北卡羅來納大學兩位教授勞倫斯．卡宏（Lawrence Calhoun）和理查．泰德斯基（Richard Tedeschi）已經廣泛研究所謂的「創傷後成長」（posttraumatic growth）一詞。他們將創傷後成長定義為：對抗重大失去等創傷性事件所產生的正向變化。這些事件是生活中的過渡時期或轉捩點。

現在，我們將生活分成幾個部分來看，也就是在失去之前和之後。

卡爾霍恩和泰德斯基博士認為這些事件造成的痛苦是非常細緻而敏感的，但他們指出，許多（或許全部）的精神傳統都體認到一個核心的人類真理：有時候人們在痛苦中願意以新方式來看待現實情況，那就是痛苦會使人成長。瓊安．約瑟夫斯基（Joanne Jozefowski）博士則將這種從負面經驗創造正向意義的能力稱為「精神煉金術」（spiritual alchemy）。他指出，成長可能會發生在各種領域。

一、改變你的生活方式

有時候，另一個人的過世會變成一記警鐘，提高我們對自己終將一死的意識。你可以藉此檢視人生，並改變生活習慣，更注重健康。

在六十年代末七十年代初，當時我擔任救生員，人們都會對自己曬成古銅色的皮膚深感自豪。但那時我們都不知道，也可能根本不在乎任何健康風險。幾十年後，我當年的某個朋友長出黑色素瘤，不久便因此而過世，我們這才警覺到他語重心長的提醒：要及早預防，每年進行皮膚檢查。這是我至今已做了二十多年的事情。

你關心之人的辭世，可能會改變你的生活習慣。你可能會節食、吃得更健康、多運動，戒菸或少喝酒。死亡可以是個明顯的提醒：你所做的選擇，不僅決定你如何生活，也決定你能活多久。

二、把愛傳出去

你也可以在你與他人的關係中成長，也被別人給予的同情和關懷感動。例如，丹妮絲在離婚後變得更懂得關懷別人，也學會坦誠和慷慨付出。她反思，在那段艱困期，她有多麼需要和期望從家人那裡得到支持。她一直太過專注於自己與丈夫的關係，在她發現他的婚外情時，又太過在意自己遭到背叛的感覺，以至於很少關注朋友。然而令她深深感動的是，儘管她忽略朋友，他們還是支持她。她現在要將愛傳出去，希望也能對周遭的人伸出援手。她形容自己遠比以前有同情心，願意接受幫助，也願意提供幫助。

對托馬斯來說，父親過世是翻轉他人生的大事件。他們父子曾相處融洽，但托馬斯大學畢業後結了婚，又在距離父親三百英里外的地方工作。每天忙於工作和照顧妻兒，幾乎沒有時間做其他事情。雖然他和父親都會固定於週日通電話，但他仍想常去看看父親，只是除了與他妹婿輪流在耶誕節和感恩節假期回去探望之外，他們每年聚會也就只有這麼一次。當托馬斯得知父親心臟病嚴重發作後，立刻十萬火急地趕到醫院，可惜才剛到幾分鐘，他父親就與世長辭了。

托馬斯花了很長的時間處理他的內疚和遺憾。他但願自己曾更常探視父親、更頻繁交談，並告訴父親自己有多麼愛他。在經歷這番愧疚的內心交戰後，他對母親、妻子、孩子、手足和朋友更放開心胸了。他除了每週日持續和母親通電話之外，也會在平日通話。他也會每天擁抱孩子，分享他的感受。即使未來托馬斯還是可能會意外地失去某個人，但他已經決定，不再讓自己因為未完成的事而留下任何遺憾。

三、發現你的天賦

雖然失去會讓你意識到世界是多麼危險和不可預測，但它也會使你意識到自己其實有多堅忍和強大。在你面對失落時，你不知道，甚至會懷疑，自己要如何繼續活下去。但是你活下來了，你會意識到自己潛藏的優勢，你比以往所想的都還強大，而且更加堅強而獨立。你可以處理發生的悲劇，雖然你從未想過自己可以倖存。你現在對自己處理困難生活事件的能力變得更有信心。你已經活了下來，未來你也可以再次辦到。

當沒有人在你的生活中扮演重要角色時，你需要掌握新技能。這些技能可能與家庭有關，例如烹飪、清潔或處理家庭收支。或者，你現在可能必須經營企業或承擔你從未想過的任務。

你的失去甚至還會使世界變得更好，例如促使政府制訂新的法律，或是使設施更在地化，像是爭取到原先並未設置的安全鐵路或交通號誌。

然而，不論你自己或社會中這類的變化有多重要，它們都不會讓人死而復生。但那些不是「選擇」，選擇是你如何處理你經歷的失落，選擇是你要成長或退縮。

打造全新的自己

英迪拉老是擔心，如果她丈夫維吉去世，她未來該怎麼辦？她大學一畢業就結婚了。維吉掌管所有財務，她對他們有哪些銀行帳戶幾乎毫無所悉。他們婚姻美滿，已結褵近二十五載，育有兩子，在維吉被診斷罹患胰腺癌時，一個才剛上大學，另一個則就讀高中。

維吉過世後的第一年，英迪拉很不好過。她父母從印度前來參加葬禮，並且待了近七個月，幫助她熟悉所需的新技能。當她學會這些技巧後，才赫然發現原來自己擁有管理財務的天賦。此外，她還認清自己擁有從未想過的長處。她在人際關係中原本相當被動而保守，甚至幾近卑屈，但現在她不得不在丈夫擁有的飯店中擔任領導角色。她也必須管教家中的兩個男孩，特別是在父親去世後變得行為有點失控的么兒。

像英迪拉一樣，我們可能會對自己的復原力和獲得的新技能感到驚訝，你甚至可能會發現你比自己想像的更強大和更能幹。你可能獲得更強的自我意識，發現新的才華，並且承擔新的角色。

四、來到新世界

隨著時間的推移，重大失落可能形成重大發展。當你因應失去而改變和成長時，你會發現新興趣和道路比你預期的更多。

對英迪拉來說，她因情勢所迫而不得不一肩扛起她丈夫剛起步的飯店業務。起初她被工作重擔壓得喘不過氣來，但後來她立刻發現自己喜歡這份工作。一開始，她認為這項工作能讓她分散注意力，不會一直沉浸在悲傷中，但是很快地，她了解自己是真的很喜歡這項挑戰。在她丈夫維吉去世後的幾年內，她已經擁有兩間飯店，並且還管理另外兩間飯店。

桑德斯博士在她青春期的兒子意外過世後，開始試圖了解自己的悲傷。她擁有心理學博士學位，是個成功的作者、研究人員和治療師，也是悲傷研究的先驅。在一九八〇年代，她於北卡羅來納州夏洛特市還主持過第一個心理廣播節目。

有時候失去會讓你以全新的方式檢視你自己和你的世界。你不能再過以前那種生活，不論你有多想安於現狀。但有時候，當你的失去迫使你以新的方式看待人生時，你會發現新的契機和可能性。

五、對生命的領悟

失去讓我們領悟生命是脆弱和不確定的。這除了令人驚駭外，也可以提醒你，每一天都是寶貴的。你現在知道生命是個禮物，而這個發現也會改變你在做決定時的先後順序。你會更了解什麼是重要的事，對生活中的瑣碎雜事也不在意了。你可能會想花更多時間與你所愛的人、你的家人和朋友，一起做你想要做的事情。

我開了一門關於「對重症患者諮商」（Counseling Individuals with Life-Threatening Illness）

的課程，在課堂上，我們觀看一部名為〈死亡〉（Death）的電影。這部紀錄片以生動逼真的方式捕捉一名中年男子阿爾布羅（Albro）最後的日子。阿爾布羅因為癌症而生命垂危，但他毫不避諱地談到他一生的遺憾。他有些想做的事情，例如看電影或其他簡單的娛樂，不過因為時間永遠不夠用，所以他總是拿來打掃公寓。他原本規劃，當他退休時（這是他永遠不會經歷的事情），他會有更多時間去做想要做的事。

我和班上學生每年都會重看一遍這部影片，而且每次觀看都會讓我們對人生有新的認識。我會重新獲得力量，不會老是卡在沒完沒了的活動中，而且裡面的笑話也很貼切：「沒有人會在臨死前說：『但願我當初有花更多時間在工作上。』」

六、深化的靈性意識

卡爾霍恩和泰德斯基在他們研究中發現的最終成長，是精神上的改變，亦即深化的靈性意識。

失去這件事，經常會挑戰一個人的精神信仰。有些人因此對信仰有了新的認識，它們鼓舞並支持人們度過危機，且遠比以往更了解信仰的價值和意義。有些人則會發現自己的信仰徹底崩裂，再也無法恢復。在這些靈性掙扎中，新的見解和更強的靈性出現了。就像雅各的聖經故事一樣，這可能是一場非常激烈的掙扎，感覺自己彷彿在與上帝進行角力。你也可能發現，不是所有的問題都有答案，並開始追求更深入的靈性。

七、創傷後成長

創傷後成長是一種轉化的反應，這種反應源自於我們經歷失落所遭受的痛苦。當面對失敗時，具有復原力的悲傷者對世界的假設比較不會受到動搖或改變。一些具有復原力的悲傷者在早年已經歷過逆境，因此能夠應付目前的失落。如果你能妥善處理目前的失落，就不必擔心自己無法經歷本章討論的這些成長，你可以對自己的復原力感到放心。

悲傷讓人哭泣，也讓人堅強

檢視失與得

轉化失落的第一步是：認清自己究竟失去了什麼，又剩下了什麼。這句話的意思是，首先你必須了解失去影響了你生活中的哪些層面，包括所有的二次失落，以及這種失落如何深入影響你的自我意識。

例如，當海倫已成年的獨生子凱里去世時，對她來說，不僅是失去孩子，也形成許多其他的失落。她與凱里的女朋友喬伊斯的親密關係將會改變，與凱里所有常來訪的朋友們的關係也將不同。她承認，她得放棄當祖母的夢想和願望，甚至連她作為母親的身分多少也受到挑戰。在諮商中，我和她探討了當獨生子女過世時，對母親的角色具有什麼意義。

然而，我們也必須探索她現在擁有什麼，並且決定她想如何記住她兒子，又要保留和捨棄什麼回憶。海倫意識到，她擁有母子間持續性的連結。她對凱里有很多回憶，並且她也永遠是凱里的母親，這是她人生的一部分，永遠都不會改變。

她還可以欣賞凱里留下的所有遺緒，就像化石動物在死後留下仍然可見的印記。我要海倫敘述凱里在她生活中所留下的印記，包括她的習性和手勢、說話方式、工作和休閒活動、她和別人連結的方式、她對自己和他人的感覺、她的個性，以及她的價值觀和信仰。接著，我們探討她想要確認和繼續延伸的印記，以及她想放棄和改變的東西。當我們結束這些晤談後，海倫堅定表示，她會繼續保有與她兒子的連結。

關於人生印記的練習

當你拿起一個貝殼，把它放在濕沙或泥土裡，它會留下印記。同樣地，在我們生命中的人也會留下印記，其中有些印記是強化我們的遺緒，有些可能是我們需要克服的包袱，但有些人則會在我們身上留下他們的標記或印記。即使我們失去了他們，這些印記仍然存在。現在，想想一個你想要追蹤他／她印記的人。

這個人對……有哪些影響？

- 對我的習性和手勢：______
- 對我的說話和溝通方式：______
- 對我的嗜好和休閒活動：______
- 對我的個性：______
- 對我的價值觀和信仰：______

有哪些印記是我持肯定態度並想延續發展的？＿＿＿

有哪些印記是我想放棄和改變的？＿＿＿

認識並善用你的優勢

在悲傷中成長，從來都不是容易的事，但它是你可以練習的選擇，也或許是我們能得到的主要選擇。桑德斯就是這樣認為。在她的研究中發現，當我們因為逝者而感到悲傷時，我們最終必須在死亡、維持現狀或成長之間做選擇。但我們該如何成長？

第一步是自我評估。你已經活得這麼久，這顯示你已經歷過多次生離死別或失落。反思這些事情，問問自己：是什麼因素協助我經歷這些事件？我有哪些優勢有助於我度過那些時期？我是否忽略了過去幫助我度過難關的優勢？這些優勢可以是外部優勢，例如他人可以提供的支持；又或是內在優勢，也就是你自身擁有的東西，比方說靈性、應付能力、精神信仰或是生活哲學。

你不必獨自悲傷。你可以與親朋好友及其他人或機構建立連結，諸如宗教組織、支持性團體等不同的組織，可以提供你尋求幫助和給予支持的機會，又或讓你與遭逢類似失落和創傷的其他人接觸。當你聽到別人談及他們的優勢時，你會聯想到自己的優勢。當你聽到別人討論如何面對困難時，你可能也會明白自己能做些什麼。

克服悲傷無法速成

當我讀幼兒園時，老師教我們切開牛奶紙盒，將土壤放進盒子裡，灑下豆芽種子，這是要小朋友觀察植物如何生長。但對我來說，我真正學到的是耐心。我每天替窗台上的植物澆水時，都會急切地尋找成長的跡象，但這需要時間。

同樣地，悲傷也需要時間。有時候你太想要快速克服它，以至於缺乏讓這個過程展開的耐心，你希望有一天醒來就能變得「更好」。但你需要給自己一些悲傷的時間，就像澆水一樣。有時你可以測試自己在這個過程中走了多遠。

給自己多一些時間，你不需要馬上好起來

海倫想製作凱里的生活剪貼簿，一本給她自己，一本給凱里的女朋友喬伊斯。不過這個過程對她來說太痛苦了，所以就把這件事暫擱一旁。

我請海倫定期進行自我檢測，評估自己當天是否已做好開始製作剪貼簿的心理準備。但這並不會造成壓力，這只是個測試性質的實驗。而她確實也嘗試了很多次，發現自己始終辦不到。

終於有一天，她自豪地向我炫耀剪貼簿剛完成的前幾頁成果。在前一天她進行了實驗，發現自己已經做好準備了。

做出有益的選擇和有利的改變

在悲傷時，你也會面臨很瑣碎、很細微的選擇，例如：今年我要和誰一起共度假期？我該如何紀念忌日？

例如，在凱里去世後的第一個耶誕節，海倫決定一部分時間與姐姐一家人共度，並和兒子生前的女友喬伊斯一起吃早餐。沒人知道是否能談論到凱里，但在用餐時，海倫主動提到向她兒子敬酒，打破了緊張的局面。這時，她家人知道，談到凱里是沒有關係的。於是，他們分享了凱里的故事和回憶，大家一起歡笑和哭泣。

後來，海倫讓侄子開車載她去參加派對，但到了傍晚，她開始覺得很疲累，然而她侄子和家人都還在享受天倫之樂。他們繼續待了好幾個小時，這令海倫疲憊不堪。

稍後，當我們在諮商中分析這件事時，海倫因為做出了好的選擇而感到自豪：拜訪喬伊斯和她妹妹家，是度過假期的安全場所；向她的兒子敬酒，則可以明確讓妹妹一家人知道，談論凱里不僅適當，也很重要。她也了解到，未來她最好自行開車，她也將在復活節時這樣做。

海倫回顧當天的情況，對自己日後能「自在做出決定」更有信心了。她成功面對假期的挑戰，這真令人高興，她原本的直覺反應是想試圖忘記假期呢！像這樣，先從小選擇開始練習做決定，如此會讓人有勇氣嘗試做出更重要的選擇。

保持積極樂觀的心態

在我對尚存配偶的支持性團體提供諮商時，一開始都會問他們：「在上次晤談之後，你的人生有哪些改變呢？」我希望他們能夠發現所學到的東西、獲得的新見解，或是已經掌握的新技能。

隨著晤談接近尾聲，我還會問道，如果我在一年後遇到他們，他們會說什麼？這一年來他們又有哪些改變？他們的目標是什麼？我發現這類的提問會讓他們更進一步思考，即使正面臨失去，人生也能有所收穫。

在後來的幾年，桑德斯開始發展悲傷的第六階段概念，也就是她所謂的「滿足」（fulfillment）。在這個階段，可以透過將早期失落整合到生活中的方式，來回顧自己的人生。她相信在此階段中，人們的生命旅程只有在加入失去的經驗後才有意義。雖然「失去」這件事既不受歡迎也不在預料之中，但你無法想像如果生命中從未經歷過這種失落會是什麼樣子，而且，你也可以相信自己會表現得很不錯。

以自己的方式邁入新生活的過渡期

桑德斯博士建議，問問自己以下三個問題，可以指引自我療癒的旅程。

- **在新生活中，我想要保留哪些舊物品？**

也許有些回憶，或是會讓你想到那個人的某些物件，又或是曾讓你感到快樂與自信的人際關係，是你想要繼續保留和維繫的。

- **我想要丟掉哪些東西？**

當你適應新生活時，會有些舊生活的部分是你想要拋棄的，例如憤怒和內疚。也許有些回憶或影像是你想要就此忘懷；又或是看似不再重要、不具有意義或沒有建設性的關係。

- **我需要增添哪些東西？**

當你進入新生活時，你需要發展不同的技能以便生存，你可能需要發展新的關係、興趣，或獲得他們的支持。

另外，我想要將另一個問題加入這三個問題中：

• 我在悲傷旅程中能學到什麼，又如何從中成長？

有些人不僅能妥善應付悲傷，而且在這段旅程中也確實有所成長。你可能發展新的見解、找到更深層次的靈性、加強人際關係，或是在生活中做出其他重大的改變。在這段路程中，別急著走得太快，反思這些改變時，暫時停下腳步思考一下通常會有幫助。

在桑德斯以及其他許多悲傷者的人生發展的最終課題是：無論失去有多麼痛苦和難以理解，我們都以自己從未想到的方式成長。我們無法選擇不失去，所以只好選擇因失去而獲得成長。這種失去其實並無太多神奇之處。我期望你的選擇正是你所需要的——變成現在你所期待的自己。

人生顧問 CF00484

繼續前行，悲傷就不會是盡頭：
面對失去，願意走進悲傷，就能走出傷痛【全新療癒練習版】

作　者—肯尼斯 J. 多卡 博士
譯　者—林麗冠
主　編—郭香君
責任企劃—張瑋之
封面、內頁版型設計—陳文德
內頁排版—新鑫電腦排版工作室

編輯總監—蘇清霖
董 事 長—趙政岷
出 版 者—時報文化出版企業股份有限公司
108019台北市和平西路三段二四〇號四樓
發行專線—（〇二）二三〇六—六八四二
讀者服務專線—〇八〇〇—二三一—七〇五
（〇二）二三〇四—七一〇三
讀者服務傳真—（〇二）二三〇四—六八五八
郵撥—一九三四四七二四時報文化出版公司
信箱—10899臺北華江橋郵局第九九信箱

時報悅讀網—http://www.readingtimes.com.tw
綠活線臉書—https://www.facebook.com/readingtimesgreenlife
法律顧問—理律法律事務所　陳長文律師、李念祖律師
印　刷—紘億印刷有限公司
二版一刷—二〇二三年五月十九日
定　價—新臺幣四二〇元
版權所有　翻印必究（缺頁或破損的書，請寄回更換）

時報文化出版公司成立於一九七五年，
並於一九九九年股票上櫃公開發行，於二〇〇八年脫離中時集團非屬旺中，
以「尊重智慧與創意的文化事業」為信念。

繼續前行，悲傷就不會是盡頭: 面對失去,願意走進悲傷,就能走出傷痛/肯尼斯J. 多卡作 ; 林麗冠譯. -- 二版. -- 臺北市 : 時報文化出版企業股份有限公司, 2023.05
面； 公分. -- (人生顧問 ; CF00484)

譯自 : Grief is a journey : finding your path through loss

ISBN 978-626-353-744-6（平裝）

1. CST: 心理治療　2. CST: 心理輔導　3. CST: 悲傷

178.8　　112005327

GRIEF IS A JOURNEY：Finding Your Path Through Loss
by Dr. Kenneth J. Doka
Copyright © 2016 by Dr. Kenneth J. Doka
Published by arrangement with the original publisher, Atria Books, a Division of Simon & Schuster, Inc.
through Bardon-Chinese Media Agency
Complex Chinese Language Translation copyright © 2023 by China Times Publishing Company
ALL RIGHTS RESERVED

ISBN 978-626-353-744-6
Printed in Taiwan
〔本書為《面對失去，好好悲傷：傷痛不會永遠在，練習療癒自己，找到成長的力量》之改版〕